Doris Bewernitz

Mein Blumenglück

Gedichte aus
meinem Garten

INHALT

EINLADUNG

Wenn Sie das Wort *Blume* ganz langsam in Ihrem Inneren aussprechen – wie klingt das? Und wenn Sie es noch etwas langsamer aussprechen und es dabei kosten, riechen und schmecken, wie klingt es dann? Versuchen Sie es einmal. Schließen Sie die Augen und sagen Sie sich das Wort mehrmals im Stillen vor. Was geschieht?

Für mich ist es ein besonderes Wort, so frisch und sonnendurchflutet. Wie ein Mantra, das mich erfreut und belebt. Und alt ist es auch. Ein Wort voller Assoziationen: Die Blumen des Paradieses. Die Madonna im Rosenhag aus dem 15. Jahrhundert. Das schöne alte Weihnachtslied vom Dornwald, der aufblüht, wenn das Kind durch ihn getragen wird. Oder die sagenhaften floralen Kupferstiche der Maria Sibylla Merian, einer so mutigen Frau des 17. Jahrhunderts, für die alle Blumen Wunder waren, die sie mit religiöser Ehrfurcht ansah. Doch zuerst fallen mir natürlich die Butterblumenwiesen meiner frühen Kindheit ein, die bis zum Horizont reichten. Oder der Urgroßvater-Garten, der später meinen Eltern gehörte und so sehr nach Phlox duftete, dass mir schwindlig davon wurde. Oder die Veilchenteppiche vor der Tür meiner Tante. Oder der dörfliche Garten meiner Freundin, der jedes Jahr aufs Neue in einem Meer aus leuchtenden Bartnelken ertrank. Nie wieder habe ich so viele Bartnelken auf einmal gesehen. Und ein bisschen wehmütig kommt mir mein winziger Pachtgarten in Berlin in den Sinn, diese zärtliche Oase voller Nachtigallenlieder, Tulpen und Vergissmeinnicht … Das Leben verändert sich. Gärten kann man verlieren. Aber die Liebe, die man je zu einer Blume empfand, verliert man nicht. Und das kann man nicht über vieles sagen, dass es unverlierbar ist.

Der Garten und seine Blumen. Eine Geschichte der Liebe und Schönheit. Und je länger Blumen bei uns sind, umso mehr können wir von ihnen lernen. Von den Einjährigen die verschwenderische Fülle und die Hingabe an den Augenblick. Von den Zweijährigen Gelassenheit und Geduld, sowie das Wissen um den richtigen Moment, in dem ohne Kompromiss alles gegeben werden muss. Und von den Stauden, Zwiebeln und Knollen das feste Vertrauen ins große Ganze, ins Vergehen und Wiederkommen, verbunden mit der Gewissheit, das mit dem Tod eben nicht alles vorbei ist. Blumen lehren uns so viel, doch sie tun es still und auf ihre eigene Art. Man muss schon Zeit mitbringen, wenn man bei ihnen in die Schule gehen will. Da gibt es Lektionen, die heißen Demut. Denn diese Geschöpfe wissen so beneidenswert genau, was sie brauchen und was ihnen guttut. Nein, sie wachsen nicht überall und schon gar nicht dort, wo wir sie haben wollen. Sie wachsen dort, wo ihre Bedürfnisse erfüllt werden. Jede Gärtnerin weiß das. Wir Menschen sind eben nicht die Kapellmeister des Universums.

Andere Lektionen heißen Zartheit und Stärke, wieder andere Fülle, Dankbarkeit, Zuversicht oder Mut. Und eine, die ich am meisten schätze, heißt Schönheit. Und damit meine ich nicht die Perfektion, die wir so oft glauben, anstreben zu müssen. Ich meine eine Schönheit, die entsteht, wenn sich etwas Lebendiges in seiner ganz eigenen Art in Ruhe entfalten kann. Ich weiß, dass diese Schönheit heilsam ist für unsere Seele. Weil ich es oft erlebt habe. Wenn Sie zum Beispiel die Blüte eines Vergissmeinnichts betrachten, wenn Sie sich niederbeugen und sich in dieses erstaunliche Mini-Mandala aus Gelb, Weiß und Himmelblau versenken, glauben Sie mir, Sie gehen verwandelt aus dieser Begegnung hervor. Versuchen Sie es mal.

Ralph Waldo Emerson, Dichter und Philosoph, war davon überzeugt, dass der Mensch durch Naturbeobachtung unmittelbar am Göttlichen teilhaben kann und bezeichnete die Blumen liebevoll als „das Lächeln der Erde".

Recht hat er. Ich habe lange inmitten von Blumen gelebt. Ich habe sie jeden Morgen in meinem Garten begrüßt. Und sie begrüßten mich. Sie tauten mein Herz auf und verführten es zur Zartheit. Sie haben Zauberkraft, die Blumen. Und da ich diese kleinen Zauberer ebenso liebe wie Gedichte, konnte ich nicht anders. Ich musste über sie schreiben.

Kommen Sie für eine Weile mit ins Reich der Blumen und begrüßen Sie mit mir jede Einzelne. Und vergessen Sie nicht: Blumen werden im Laufe der Zeit immer schöner, je mehr sie geliebt werden. Das haben sie übrigens mit den Menschen gemeinsam.

Doris Bewernitz

UNTER DER ERDE

In terram

Habe mein Ohr an die Erde gelegt
Wie sie sich regt
Wie es da flüstert und wispert
Und sich bewegt
Vieltausend Samenkinder
Warten auf Licht
Recken und strecken sich, bis
Die Schale aufbricht
Warten, schlafen und frieren
Monatelang
Erzählen sich feine Geschichten
Von Schönheit und Dank
Und kaum ist der Frühling da
Gleich geht es los
Wurzeln und Blätter springen
Aus jedem Schoß
Wachsen, jubeln und treiben
Vorbei das Warten
Eben noch grau und verdorrt
Begrünt sich mein Garten

Januar

DAS IMMERGRÜN

Vinca minor

Grün, Grün, Wintergrün
Kälte und Starre das Land durchziehn
Du hältst der Hoffnung die Hände hin
Du gibst dem Ausharren tieferen Sinn
Du bleibst lebendig, wenn alles verdorrt
Du schwörst aufs Leben, du hältst dein Wort

Sanft bedeckst du die eisige Erde
Dass sie nicht gänzlich mutlos werde
Vinca minor, du schönes Kraut
Tief in der Finsternis hast du vertraut
Hast mir das Warten leichter gemacht
Hast mich begleitet durch Frost und Nacht

Bleibe noch, bald ist die Kälte vorbei
Dann feiern wir wieder das Leben, wir zwei

DIE MILCHBLUME

Galanthus gracilis

Nicht die Lauten, nicht die Großen
Wenden Wintertod und Weh
Sieh, die Kleinen, Zarten, Bloßen
Wachsen sanft durch Eis und Schnee

Weiches Wasser höhlt den Stein
Lautlos öffnen sich die Sterne
Stille will geatmet sein
Gott hat wohl das Leise gerne

ZAUBERNUSS

Hamamelis mollis

Ist das am dürren Ast ein Gelb? Ein Rot?
Dabei ist alles rings so bitterkalt und tot
Eisige Atemluft in lichtlos fahlem Raum
Doch goldne Funken sprühen aus dem Baum
Entfalten sich in wilden Kapriolen
Feiern im Frost das Leben unverhohlen
Die Zaubernuss hat meinen Himmel angezündet
Der Winter schreckt zurück, die Kälte schwindet
Die Hoffnung wächst, stark wird der Sonne Lauf
Ein Blütenfeuerwerk taut meine Seele auf

AN DIE CHRISTROSE

Helleborus niger

Du inniges Wesen im Schnee
Lächelst uns still entgegen
Sag, wie kannst du denn nur
Solch kalte Zeit überleben?

Du zeigst deine Schönheit her
Aufrecht im dunklen Grün
Stehst du in steinharter Erde
Und hörst nicht auf zu blühn

Du tust ein Geheimnis uns kund:
Nie werden Angst und Nacht
Stärker sein als die Liebe
Die sie geduldig durchwacht

FORSYTHIENGEHEIMNIS

Forsythia

Im Winter einen klammen Zweig gepflückt
Forsythienzweig
So nackt und kahl
Ihn heimgenommen und ans Herz gedrückt
Da blüht er auf mit einem Mal

Ach Frühlingssehnen, niemals endest du
Und schon ein kleiner
Zweig macht Mut
Die sonnengelbe Blüte ruft uns Freude zu
Bald wird es wärmer, bald wird alles gut

DAS SCHNEEGLÖCKCHEN

Galanthus nivalis

Können denn Glocken so leise läuten?
Können sie weißer sein als der Schnee?
Kann denn ihr Klingen andres bedeuten
Als Aufbegehr gegen Leid und Weh?

Hart ist die Luft und klamm sind die Glieder
Noch herrscht der Winter mit fester Hand
Eiswinde fegen Lebendiges nieder
Fürchterlich krallt sich die Kälte ins Land

Aber die Glocken singen leise
Singen das Lebenslied, trotzig besonnen
Mitten im Frost geht die Hoffnung auf Reise
Tod, diesen Kampf hast du nicht gewonnen

Februar

WILDER KROKUS

Crocus vernus

Da ist er! Der erste Krokus im Schnee
Seine Anmut tut in den Augen weh
So zart und verwundbar, so wehrlos und klein
Alles was lebt muss verletzlich sein

Er öffnet die Blüte und leuchtet still
Als ob er uns etwas sagen will
Sieh ihn an und dein Herz erwacht
Alles was lebt ist aus Liebe gemacht

SCHNEEHEIDE

Erica carnea

Wenn die Kälte Knospen treibt
Eiskristalle sich vereinen
Raureif in der Schwebe bleibt
Und der Himmel scheint zu weinen
Weiß auf Weiß, ein leises Beben,
Seidig kleine Flockentränen
Fallen, werden Blüten, leben
Schweigt der Winter hingegeben

DER WINTERLING

Eranthis hyemalis

Der Winterling
Das kleine gelbe Ding
Springt wie ein frecher Ball
Aus harter Erde

Siegesgewiss
Dass trotz der Finsternis
Der Frühling auf dem Fuß
Ihm folgen werde

SCHWARZDORN

Prunus spinosa

Die langen Dornen willst du nicht
Die Spitze ritzt, die Härte bricht
Die Blätter kratzen dein Gesicht
Die saure Beere schmeckt dir nicht

Doch stand die Beere erst im Frost
Wird sie dir eine gute Kost
Will süß und fein dein Herz erheben
Mit vielem ist es so im Leben

In Nacht und Dunkel erst wird klar
Wie gut das Licht der Sonne war
Und wenn zerbricht des Lebens Krug
Wie kostbar jeder Atemzug

PUSCHKINIEN

Puschkinia scilloides

Sternschnuppen sind vom Himmel gefallen
Büschelweise leuchten sie weiß
Eingebettet in grüne Lamellen
Das Leben steht auf
Es schließt sich der Kreis

Sternschnuppen blühen auf meiner Wiese
Beschienen von Sonne, mitten im Eis
Zarte Geschöpfe, unbeirrbar
Das Leben steht auf
Sie sind der Beweis

Sternschnuppenfreude trotzt aller Kälte
Fröhliches Leuchten im Winterweiß
Göttliche Blumen, jedes Jahr wieder
Das Leben steht auf
Es schließt sich der Kreis

BLAUSTERN

Scilla bifolia

Die Welt verwandelt sich vor unsren Augen
Und was wir wissen, wird bald nichts mehr taugen
Wenn über blauen Sternen Elfen lauschen
Wenn Wiesen über Nacht die Farbe tauschen
Wenn aus dem kalten Erdreich Wunder dringen
Wenn in den Blausternblüten Hummeln singen
Wenn uns gleich früh die Blicke übergehen …
Was wissen wir? Was können wir verstehen?
Wohl weniger als das Geheimnis dieser Blüten
Vor Stolz und Dünkel mag uns Gott behüten

WINTER-ALPENVEILCHEN

Cyclamen coum

Es gehen auf der Erde Wesen um
Die fremd sind, seltsam heil und unzerstört
Die nie von Krieg und Leid auch nur gehört
Und haben sich im Innern nie erschrocken

Sie blieben Anfang, gänzlich unberührt
Und atmen wie im Schlaf ein kleines Kind
Von welchem Stern sie wohl gekommen sind?
Geheimnisvoll erklingen ihre Glocken

Und die Gesichter so getrost im Wind
Fangen sie still die erste Frühlingssonne ein
Und leuchten leis und unbeschreiblich rein

Wie können sie so fern der Erde sein
Und dennoch in ihr wurzeln hart am Wind?
Ein Göttergruß sind sie, ein Sternenwind

RAUHAARIGE GÄNSEKRESSE

Arabis caucasica

Du weißes Glückskind im Februar
Schnee deine Blüten, wie Winterlicht klar
Unerschrocken vom Reif überhaucht
Hast du meinen Garten in Zauber getaucht

Zauber der Tapferen, die dem Leben
Durch ihren Mut wieder Würde geben
Zauber der Kleinen, die voller Stolz
Stehen am Throne des großen Apolls

Auf dass sie ihn zwingen, den Frühlingsgott
Die Pflanzen zu lösen aus ihrer Not
Die Erde zu lösen aus ihrem Schlummer
Die Menschen zu lösen aus ihrem Kummer

Ein Hoch den Schwachen, die alles wagen
Die gleichmütig handeln statt zu klagen
Die unbeirrt und gewissenhaft
Uns alle erinnern an unsere Kraft

März

STERN-MAGNOLIE

Magnolia stellata

Nun ist er gekommen, der Monat der Sehnsucht
Der März und wir warten auf Sonne, doch grausam
Und rau sind die Winde von Norden

Woher soll sie kommen, die Kraft, wenn die Kälte
Uns immer noch packt und der Frost noch Gewalt hat
So nackt stehn die Büsche und frieren

Die Speicher sind leer und wir dürsten nach Sonne
Nach tröstenden Farben, nach Duft und nach Wärme
Verlassen und grau ist der Garten

Da öffnen sich still an den blattlosen Ästen
Der Wintermagnolie die schneeweißen Sterne
Ein Gruß aus dem Himmel für alle

MÄRZENBECHER

Leucojum vernum

Lieber März, ich will aus deinem Becher trinken
Allen Frühling dieser Welt
Will mich grün und weiß mit deinen Farben schmücken
Dass mich keine Schwere hält
Ich will glauben, dass die allerkleinste, zarte
Blume uns die Wärme bringt
Wenn sie mit den Gartenvögeln um die Wette
Wortlos von der Freude singt
Lieber März, wie lang hab ich auf dich gewartet
Nun kommst du mit Üppigkeit
Und mein Herz ist voller Frühlingsjubel
Voller Glück und Lust und Dankbarkeit

DAS VEILCHEN

Viola odorata

Das Veilchen öffnet sich
Ich, um den Duft zu erhaschen
Gehe hinab auf die Knie

So ist es
Mit allen Wundern
Sie machen uns klein

DAS LEBERBLÜMCHEN

Hepatica nobilis

Wenn das Leberblümchen blüht
Geh ich wie in Kinderzeiten
Zu ihm meine Welt zu weiten
Stehe vor ihm und ich schau
Mich hinein in dieses Blau
Dieses endlos reine tiefe
Grad als ob ein Meer drin schliefe

Wenn das Leberblümchen blüht
Hält mich meine Sehnsucht fest
Ist mein Herz ein Vogelnest
Und die Tränen die erstarrten
Tauen auf in meinem Garten
Und sie werden guter Regen
Pflanzennahrung Blütensegen

Wenn das Leberblümchen blüht
Weiß ich dass in mir das Zarte
Doch noch lebt und alles Harte
Nur ein Schutz ist eine Hülle
Wartend auf die blaue Stille
Dieser Blume um in ihrem
Zauber nicht mehr zu erfrieren

DIE HYAZINTHEN

Hyacinthus orientalis

Die Hyazinthen blühen
Nun duftet es von weit
Nun muss der Winter fliehen
Nun kommt die Blumenzeit

Dreht euch zum Licht und öffnet
Euch ganz zum Himmel hin
Die Hyazinthen blühen
Die Welt macht wieder Sinn

Die Hyazinthen sagen
Gebt fort, was in euch ist
Die Welt fängt an zu tagen
Und kurz ist eure Frist

DIE TRAUBENHYAZINTHE

Muscari armeniacum

Du strebst dem Himmel zu
Von dem du deine Farbe
Und deine Schönheit hast
Du strebst nach oben

Der alle Vielfalt liebt
Der alle Formen mag
Der allem Farbe gibt
Und dir den Frühlingstag

Und deiner Blüte Pracht
Ist wie ein Pfeil gemacht
Um steil hinauf zu zeigen
Und um den zu loben

GÄNSEBLÜMCHEN

Bellis perennis

Blume für kleine Kinder
Blühendes Gedicht
Geduldiger Überwinder
Fröhliches Sonnengesicht

Kleine Alltagsblume
Närrin im Strahlenkranz
Wonnig gelbe Mitte
Trotziger Freudentanz

Ach komm nur immer wieder
Auch wenn wir dich schlecht behandeln
Vielleicht kannst du eines Tages
Uns alle in Narren verwandeln

SAUERAMPFER

Rumex acetosa

Viel ist nicht übriggeblieben vom Wissen
Meiner Großmutter der Kräuterfrau
Die für jedes Gebrechen Salbe rührte
Tropfen und einen Spruch, viel nicht
Außer, dass der Sauerampfer gut ist
Bei Hunger und völlig zu Unrecht
Männlich genannt wird, da er doch
Schließlich ein Mädchen sei mit
Zwei lustigen Zöpfen, ähnlich denen
Wie Swetlana sie hatte, ihre Freundin
Aus Kindertagen, die mit den braunen
Augen und roten Haaren, die später
Verschwand
Viel nicht
Die Geschichte
Brach ab, wie das Wissen
Der Krieg
Verschloss ihr den Mund

DIE VOGELMIERE

Stellaria media

Winziges Kraut, den Boden bedecken
Saftige Blättlein und Blüten wie Sterne
Kriechst durch den Garten, ich hab dich gerne
Wunder und Riesenkraft in dir stecken

Wächst in der Nähe, wächst in der Ferne
Findest noch Halt in den dunkelsten Ecken
Und musst dich doch mitnichten verstecken
Hast du ja schließlich die köstlichsten Kerne

Wem solch ein leichtes Willkommen gelingt
Und wer so nahrhafte Gaben bringt
Den lernt noch jeder herzlich gern kennen
Wer so wie du alle Welten bezwingt
Ganz ohne Kriege, Morden und Brennen
Der ist wahrhaftig ein Meister zu nennen

GEFINGERTER LERCHENSPORN

Corydalis solida

Du süße Speise
Du Bienenbrot
Du freudiges Blühen
Du Morgenrot

Du Unscheinbare
Du Himmelshuld
Du weiches Herz
Du Engelsgeduld

Du läutest so leise
Den Frühling ein
Du sollst mir immer
Willkommen sein

DAS SCHARBOCKSKRAUT

Ranunculus ficaria

Dunkelgrüne Herzen glänzen
Frisch am Boden, es ist klar
Dass hier Scharbock mit dem Lacktopf
Früh im Jahr zu Werke war

Bockskraut, vor der ersten Blüte
Pflück ich dich, wenn du noch nackt
Und lass mir den Frühling schmecken
Fein aufs Butterbrot gehackt

HUFLATTICH

Tussilago farfara

Geht's dir wie mir?
Schwankt deine Zuversicht?
Schleicht Furcht sich in dein Herz?
Glaubst du dem Frühling nicht?

So eilig hast du es
Dass du die Blüten schon
Lang vor den Blättern schiebst
Du ängstliche Person

Ach könnten doch
Wir beide mehr vertrauen
Und auf den guten Lauf
Der Welt gelassen bauen

DAS SELTSAME LUNGENKRAUT

Pulmonaria officinalis

Wo hast du denn, du feines Kraut
Die bunten Kelche her?
Heut sind sie rot und morgen blau
Wenn ich dir in die Augen schau
Ich weiß nicht, wie und wer

Wo hast du denn, du feines Kraut
Die vielen Flecken her?
Dein grünes Blatt ist weiß bespritzt
Grad ob ein Kobold darin sitzt
Und macht sich drüber her

Du bist wie ein Chamäleon
Und wechselst die Gestalt
Mal glühend jung, mal totenblass
Mal rein und neu wie frisches Gras
Mal wie ein Greis so alt

Aus deinem Spiel werd ich nicht schlau
Wo ist dein wahres Wesen?
Ich sehe dich und bin verwirrt
Schon wieder hab ich mich geirrt
Ich kann dich schlicht nicht lesen

Was bringt dir solches Wechselspiel,
Verstecken und Changieren?
Hast du denn Angst, du könntest dich
Zeigst du dich echt und aufrichtig
Vor anderen blamieren?

Beherztheit braucht es schon und Mut
In einer harten Welt
Zu zeigen, wer man wirklich ist
Zu sein, wie man geschaffen ist
Zu reden unverstellt

Doch wenn wir alle dauernd uns
Verkriechen und verstecken
Das wär ein Weh
Wer sollte je
Den Schatz in uns entdecken?

April

OSTERGLOCKEN

Narcissus pseudonarcissus

Im Garten klingen die Glocken
Sie singen mir ins Ohr
Musst nicht mehr im Dunkeln hocken
Komm zu uns, komm hervor

Ihr helles, goldnes Geklinge
Weckt mich, ich laufe hinaus
Ich jubiliere und singe
Nun ist der Winter aus

Die Gartenmusikkathedrale
Ist heute so gelb geschmückt
Ich lausche ihr viele Male
Vom Frühlingsduft verzückt

Um mich erklingen die Glocken
Sie haben sich schön gemacht
Alles, was lebt, will frohlocken
Welch eine Pracht!

DIE DICHTERNARZISSE

Narcissus poeticus

Sei mir gegrüßt, meine stille Kollegin im Geiste
Wie dehnst du zart und erhaben die schneeweißen Blätter
Wie stehst du würdevoll aufrecht in einfacher Klarheit
Wie zeigst du mutig dein Herz und wie arglos dein Innres
Als gäb es nicht Schwerter noch Spott noch Verachtung zu fürchten
Du, die vor tausenden Jahren schon Dichter verehrten
Der schon der große Ovid seine Metamorphosen geschrieben
Für die schon Sophokles Namen um Namen erfunden
Weil du den Göttern der Unterwelt heilig und teuer
Du, um die Nymphen wehklagten und Könige stritten
Und von der Mohammed schwärmte als Nahrung der Seele
Und viele andere, die deine Schönheit versuchten
Ganz zu erfassen, du wehrtest es keinem von ihnen
Weil du entblößt und verletzlich geblieben, es ist die Verstellung
Solch einer offenen Seele wie deiner von Gott nicht gegeben
Soll sie doch jählings das Tiefste und Höchste erfahren
Soll alles zeigen und selbst sich dabei ganz vergessen
Dies, wie ein Spiegel des Alls, ist ja grad ihre Schönheit

BLÜHENDE PRIMEL

Primula vulgaris

Die Primel sitzt im Blätternest
Das ganze liebe Jahr
Doch erst, wenn sie sich sehen lässt
Dann ist der Frühling da

Sie wartet still und lässt sich Zeit
Und blüht sie irgendwann
Wird klar, dass nichts auf dieser Welt
Immer nur blühen kann

Erst kommt der Schlaf, da wurzelt man
Sich in der Erde fest
Dann baut man sich so peu à peu
Ein schönes warmes Nest

Freu dich der Blüte, wenn sie kommt
Und koste alles aus
Danach verzage nicht, du gehst
Nur in dein Erdenhaus

Um neu zu werden, neu zu blühn
Zu einer andern Zeit
Hab wie die Primel nur Geduld
Uns trägt die Ewigkeit

DER TÜPFELFARN

Polypodium vulgare

Die Welt ist eine Spirale
Sie schläft in meinem Schoß
Beim ersten Frühlingssignale
Lass ich sie los

Sie entrollt sich nach alten Gesetzen
Im Erdreich niedergeschrieben
Gestaltet vom großen Gestalter
Bis heute Wunder geblieben

Alles ist in ihr enthalten
Jubel, Begehren, Not
Traumwandlerisches Entfalten
Leben, Geburt und Tod

Tausendfach wachsen die Samen
In mir wie Edelgestein
Die Welt ist eine Spirale
Sie könnte nicht schöner sein

BÄRLAUCH

Allium ursinum

Endlos schlief der Bär in seiner Höhle
Finster war die dunkle Winternacht
Endlich dringt ein Schrei aus seiner Kehle
Wenn nach langem Schlafe er erwacht

Schon packt er den Wald mit seinen Pranken
Rüttelt wie verrückt an allen Bäumen
Brüllend sieht man ihn vor Fressgier wanken
Wütend Steine aus dem Wege räumen

Futtern will er! Will den Bauch sich füllen!
Er braucht Kraft und kann nicht länger warten
Schleunigst muss er seinen Hunger stillen
Er ist Herr im Wald! Es flattern die Standarten!

Nichts. Der Boden kahl. Kein Honig, keine Beere
Meister Petz gerät in große Wut
Nur wer selbst sie kennt, die gnadenlose Leere
Kann ermessen, wie weh Hunger tut

Da! Viel tausend Sternenblüten grüßen
Aus den breiten grünen Blättern ihm entgegen
Ach! Mit einem grummelsanften Seufzer
Sieht den Riesen man sich in den Bärlauch legen

Fressen, satt sein, sich den Wanst vollschlagen …
Blatt um Blatt zerkaut er voller Wonne
Stärkt die Lebenskräfte, füllt den Magen
Mählich durchgewärmt von schöner Frühlingssonne

DER BLAUREGEN

Wisteria sinensis

Schwer tropfe ich mein Blau in die Luft
Fülle euch mit betörendem Duft
Weine für euch, wenn ihr es nicht könnt
Liebe für euch, wenn ihr heimlich brennt
Heile all eure bitteren Narben
Träume von euren edelsten Farben
Erinnere euch an das Sehnsuchtslied
Welches von Anbeginn in euch glüht
Erinnere euch mit Fülle und Duft
Tropfe für euch mein Blau in die Luft

ZWERGFINGERKRAUT

Potentilla neumanniana

Vorsicht, im Garten tasten sehr kleine
Fingerchen quer auf Wegen und Beeten
Öffne die Augen, lenk deine Schritte
Sieh, wo du hintrittst, dass deine Füße
Ihnen nicht wehtun und sie nicht treten

Garndünne Stängel, wie grade entstanden
Zackige Blättlein und winzige Blüten
Was sie nur suchen? Wohin sie nur streben?
Wem sie wohl dienen? Wäre es möglich
Dass sie den Garten vor uns behüten?

Dass sie uns bitten, wachsam zu werden?
Dass sie uns rufen, das Kleinste zu schonen
Weil wir es brauchen zum Großen und Ganzen
Und wir als Tiere und Menschen und Pflanzen
Alle gemeinsam auf Erdengrund wohnen?

LOB DES GRASES

Poa pratensis

Dieses unscheinbare, geduldige Gras
Wie es die Scham der Erde lautlos bedeckt
Wie es beharrlich treibt, wurzelt und grünt
Tag um Tag, Mond um Mond, Jahr um Jahr
Gleich denen mit den freundlichen Herzen
Die einfach da sind, kein Geschrei machen
Keinen Streit anzetteln, in keiner Zeitung stehen
Niemals genannt werden und doch
Güte verteilen, die wohltut
Sie sind der Mantel
Unserer Zerbrechlichkeit
Wie das Gras
Der Mantel der Erde ist

DIE WILDAURIKEL

Primula auricula

Ich schaue dir ins Angesicht
Und staune gar nicht schlecht
Denn eine Blüte reicht dir nicht
Grad drei bis zwölf sind recht

Drei fürs Glück im Märchenland
Vier für die vier Jahreszeiten
Fünf für Finger an der Hand
Sechs für viele Freundlichkeiten

Sieben an den Wochentagen
Acht fürs Rad der Glücksspiralen
Neun für neunmalkluge Fragen
Zehn für unsre schönen Zahlen

Elf für aller Sterne Lauf
Zwölf für Mitternacht
Aurikelchen, du hast es drauf
Das hast du gut gemacht

MAUERZIMBELKRAUT

Cymbalaria muralis

Du herziges Schönchen
Du Mauerverwöhnchen
Du winziges Krümchen
Du einsames Blümchen
Hinauf und hernieder
Streckst du deine Glieder
Stickst hauchdünne Fädchen
Du zartzartes Mädchen
Streckst blühend die Hände
Betastest die Wände
Umrankst selbst die Bäume
Begrünst meine Träume
Du friedliche Kleine
Du zu viel Alleine
Du mutige, stille
Gelobt sei dein Wille
Du Trost in der Trauer
Du Freundin der Mauer

SCHACHBRETTBLUMEN

Fritillaria meleagris

Kleine Laternen leuchten
Kariert im Gegenlicht
Jede ein rätselhaftes
Bizarres Leichtgewicht

Brechen das Licht in schwarze
Und rote Muster auf
Schimmern wie weltvergessen
Im zitternden Tageslauf

Woher diese mystischen Farben?
Wer hat sie angezündet?
Noch hat kein Mensch dieser Blume
Geheimnis ergründet

GOLDLACK

Erysimum cheiri

Heut bin ich reich! Mein Garten ist voll Gold
Was brauch ich Kontostand und Wertpapiere
So lang ich Frühlingsluft und Leben in mir spüre
Heut bin ich reich! Und mehr bedarf ich nicht

Heut bin ich reich! Es glüht in meinen Beeten
Es blitzt und leuchtet dort ein helles Licht
Das feuergleich durch alle Blätter bricht
Und strahlt wie tausend himmlische Kometen

Heut bin ich reich! Wer wollt es mir verwehren
Wo doch die schönsten Blumen mir gehören
Und mir ihr Gold in vollen Zügen schenken
Kann man sich einen bessren Reichtum denken?

HAIN-VEILCHEN

Viola riviniana

Ein lila Teppich
Vor dem Zaun
Ein Veilchenmeer
Schön anzuschaun
Und ein geheimnisvoller Duft
Der klein und stark den Frühling ruft

Viel tausend Blüten
Zart und tief
In denen lang
Die Sehnsucht schlief
Heut Morgen sind sie aufgeblüht
Nun singen sie ihr Freudenlied

Ein tiefer Friede
Fullt mich an
Wie man so klein
Und schön sein kann
Solange es noch Veilchen gibt
Bin ich in diese Welt verliebt

KIRSCHBLÜTENZEIT

Prunus avium

Heute hatte ich
Die erste Kirschblüte im Haar
Ich lief durch die Straßen
Und war überrascht
Dass die Leute
So frühlingshaft lächelten
Erst zurück im Garten
Mitten im Hummelflug
Segelte mir die Blüte vom Kopf

Leise wisperten
Die Tausendschönchen
Verwirrt rauschte das Wollgras
Ungläubig schüttelten
Die Tulpen ihre Köpfe
Als die Blüte ihnen erzählte
Was sie dort draußen
In der großen Stadt
Alles erlebt hatte

DER GOLDHAHNENFUSS

Ranunculus auricomus

Auch Pflanzen tricksen
Wenn sie Blätter mixen
Von zweierlei Gestalt
Der Zauber ist verrückt
Die Täuschung ist geglückt
Der Kniff ist alt

Doch sieh dich vor
Täuschst du dich selbst
In deinen tiefsten Gründen
Könntest du dich
Wenn du dich einmal brauchst
Womöglich nicht mehr finden

DIE TULPE

Tulipa batalinii

Rot
Rot der Liebe
Rot der Sehnsucht
Der alles umfassenden Freude
Rot, erste Farbe, Farbe des Morgens
Sonnengetränkt, leuchtend, lichtgestreift
Rot, wildes, pochendes Herz aus dem Dunkel
Der Erde, Farbe des Anfangs, nackte Farbe
Gerade geboren, schamlos vor Unschuld
Hergezeigt von der eben
Sich öffnenden
Tulpe

ÜBER EINER TULPENBLÜTE

Tulipa linifolia

Dass meine Liebe noch in mir ist
Das weiß ich, wenn mein Blick
In deinem samtenen Kelch versinkt
Dann träum ich mich zurück

Als ich das erste Mal Farben sah
Und war ihnen ganz verwandt
Als ich das erste Mal Tulpen roch
In Großvaters Gartenland

Alles war neu und mein Herz war leicht
Und hatte für alles Sinn
Die ganze Welt war ein Blütenmeer
Und ich ein Falter darin

Den Tulpenduft habe ich aufbewahrt
Weil man ihn nie vergisst
Drum weiß ich, wenn ich dein Rot anseh
Dass alles noch in mir ist

ROTE TAUBNESSEL

Lamium purpureum

Heute Nacht kam der Frost zurück
Raureif küsste
Die zarten Lippen der Nessel

Wenn dich die Kälte umfängt
Vertraue wie sie
Streck dich der Sonne entgegen

DIE SCHLÜSSELBLUME

Primula veris

Wer hat die schönsten Schlüssel
Gemacht für die Himmelstür?
Das muss ein kunstvoller Schlosser sein
Auch nimmt er keine Gebühr

Er streut seine Schlüsselsamen
Weit über die Wiese aus
Spricht dreimal ihren Namen
Dann wachsen sie rund ums Haus

Und steige ich einst am Ende
Die große Leiter hinauf
Pflückt er einen blühenden Schlüssel
Und schließt mir den Himmel auf

FRÜHLINGS-ADONISRÖSCHEN

Adonis vernalis

Als Aphrodite den Adonis liebte
Den Menschensohn, der wild und edel war
Als seine Schönheit ihr die Sinne raubte
Da bot die Liebesgöttin ihm ihr Antlitz dar

Dein bin ich, sprach sie, schöner Menschenknabe
Gleich sollst du zu mir deine Schritte lenken
Doch griff Adonis gleich zu Schild und Lanze
Ein Tier zu jagen, um es ihr zu schenken

Ein Eber bricht durch finstre Waldesschatten
Zeigt seine Kraft, durchbohrt Adonis Lende
Der stürzt und schreit, zu einem letzten Gruße
Erhebt er sterbend seine schönen Hände

Und Hades greift danach und zieht ihn nieder
Die Liebesgöttin kann es nicht verwinden
Weit hallt ihr Klagen an der Totengrenze
Beim Göttervater sollt Gehör sie finden

Es stimmt, sprach Zeus, mein Bruder in der Tiefe
Hat dir den Knaben grässlich fortgenommen
Du dauerst mich, ich will ihn für dich fragen
Als Blume soll dein Liebster wiederkommen

Und Hades ließ sich ausnahmsweise bitten
Zu Zeus sprach er: weil du mein Bruder bist
So soll geschehen, wie du vorgeschlagen
Doch setze ich den beiden eine Frist

Einmal in jedem Jahr, wenn Frühlingsdüfte ziehen
Sollen die Liebenden sich wiedersehn
Gelb wie die Sonne soll er für sie blühen
Doch nur sehr kurz, dann muss er wieder gehn

Wer glaubt, er muss der Liebe Opfer bringen
Wer glaubt, er müsse seine Kraft beweisen
Den will ich halten und zur Demut zwingen
Der muss noch mehrmals in die Tiefe reisen

So sieht im Lenze man die goldnen Sterne
Auf Hängen und auf Wiesen herrlich strahlen
Und über sie gebeugt die Aphrodite
Voll Sehnsucht küssend jede kleine Blüte

SCHLEHE

Prunus spinosa

Nun blüht sie wieder
Die wilde, die herrliche Schlehe
Die Wehrhafte unter den Pflanzen
Nun wirft sie ihr Weiß in die Welt
Als nähme es nie ein Ende
Üppigkeit ist das Gesetz
Der dornigen Zweige
Wenn sie vor lauter
Schönheit verglühen
Jeder Verletzung
Jeglichem Leide
Jedem Kampfe
Zum Trotz

GUNDERMANN

Glechoma hederacea

Meinst du denn, du kannst so schnell gucken
Wie der Gundermann Blätter treibt?
Wie er lustig den Garten durchwandert?
Und ihn sich innig einverleibt?

Hummeln hocken an blauen Blüten
Wo er nur diese Kraft hernahm?
Grün wird die Erde, Blättchen für Blättchen
Des Gundermannes deckt ihre Scham

Steh nur stille und sieh ihn wachsen
Wer ist schneller? Der Gundermann
Erde liebt Grün und Grün liebt die Erde
Sie waren schon immer ein gutes Gespann

BUSCHWINDRÖSCHEN

Anemone nemorosa

Mit einem Schnürsenkel habe ich
Die Waldanemonen zusammengebunden
Deine Lieblingsblumen
Nie bin ich vorbereitet

Ich fand sie
Auf dem Weg zu dir
Sie sprachen von Unschuld
Da wurde mir leichter

Deine Stadt riecht nach Mühe
Und bitterer Milch
Aber noch ist Frieden
Das weißt du zu schätzen

Ich habe mal wieder keinen Regenschirm
Nichts zum Unterstellen
Deshalb komme ich so zu dir
Wie ich bin

STECHGINSTER

Ulex europaeus

Der Himmel gab mir die leuchtenden Blüten
Und gab mir das Gift und die Dornen dazu
Du kannst dich an mir aus der Ferne ergötzen
Doch willst du mich brechen, steche ich zu

Es wollen die Menschen ja alles besitzen
Was ihr unstillbares Auge erfreut
Das weiß ich und ich weiß mich zu schützen
Wer Abstand hält, dem geschieht kein Leid

Respekt und Achtung sind wichtige Dinge
Für alle Wesen auf diesem Planeten
Stets sollst du dich am Schönen erquicken
Ihm aber nicht zu nahe treten

WENN DER WEISSDORN BLÜHT

Crataegus laevigata

Wenn der Weißdorn blüht
Singt die Drossel ihr Lied
Singt von Frühling und Licht
Singt von Liebe und Trost
Ist die Welt wie umkost
Wenn der Weißdorn blüht

Alles wird wieder gut
Und uns wächst so ein Mut
Und wir gehn wieder los
Werden klein, werden groß
Und wir traun uns was zu
Singen auch unser Lied
Wenn der Weißdorn blüht

Wenn der Weißdorn blüht
Wenn er Funken sprüht
Und uns alles verspricht
Ist das Leben zurück
Ist die Welt voller Glück
Singt die Drossel ihr Lied
Wenn der Weißdorn blüht

DER STERNKUGELLAUCH

Allium christophii

In meinem ersten Traum
War ich ein schöner Baum
Wuchs weithin über die Welt
Berührte das Himmelszelt

Dort zündete ich dann
Meine strahlenden Sonnen an
Meine roten und blauen und weißen
Ich ließ sie leuchten und gleißen

Hebe die Augen und schau
Den Himmel blau über blau
Meine Sonnen ein duftendes Licht
Verlerne das Staunen nicht

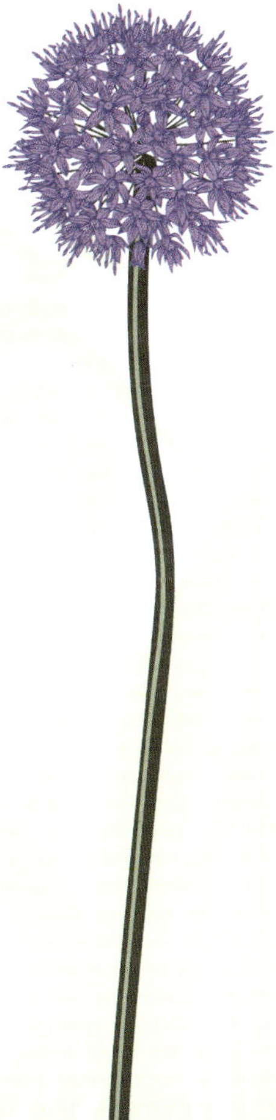

MAHONIE

Mahonia aquifolium

In Fülle gibt sie sich, der Sonne gleich
Den Nektarsuchern hin
Wer gibt, ist reich

Die Blätter hart bewehrt, die Kelche weich
Im grünen Schilderkranz
Wer gibt, ist reich

Beschenkt ist sie und schenkt sich fort sogleich
Das ist des Lebens Kunst
Wer gibt, ist reich

IMMERGRÜNE SCHLEIFENBLUME

Iberis sempervirens

Es ist ein Weiß gefallen, das duftet süß
Ein reines Licht, ein Blütenschnee
Ein Blumenparadies

Ein großes Flockenfunkeln, so zart und klar
Ein schleifenhaftes Leuchten
So frühlingswunderbar

Es winden viele Schleifen des Lebens Kreis
Und tauchen unsre Erde
In Weiß

BIENE IM HUNGERBLÜMCHEN

Draba verna

Dass unsere Kräfte nicht reichen
Dass wir nicht lieben können
Niemals genug jedenfalls
Solln wir nicht listig vergleichen
Solln wir beim Namen nennen

Alter Hunger ist zäh
Lässt sich nur schwer noch stillen
Karg war der steinerne Boden
Es tut dem Herzen weh
Sich nicht zu erfüllen

Fang deine Sehnsucht ein
Gib was du hast
Sieh diese Blume an
Ist auch die Blüte klein
Sie nährt einen Gast

BLÜHENDER RANUNKELSTRAUCH

Kerria japonica

Da tanzt die Freude in leuchtenden Flecken
Hell in der Sonne, auf und nieder
Wirft knisterndes Lachen von Stecken zu Stecken
Blüten um Blüten, wieder und wieder

Lustige Pompons wie frische Küken
Fröhlich gewandet in gelbes Gefieder
Nein, welch ein Purzeln, Springen und Bücken
Lauter täppische Liebeslieder

Ach welche Leichtigkeit ist dir gegeben
Goldgelber Strauch, du willst mich necken
Und mich verführen zu Lust und Leben
Recht hast du, niemand muss sich verstecken

Mai

APFELBLUMEN

Malus domestica

Da legt sich der Mai in den Apfelbaum
Rekelt sich warm wie in Tag und Traum
Hat rosarotweiße Sträuße im Haar
Tausende Blumen ganz sonderbar
Blumen aus Sonne, Blumen zum Essen
Blumen so üppig und selbstvergessen

Schon wirft er sie ab, kurzer Duft, kurzes Glück
Schon regnet es Blüten, nichts kehrt zurück
Ich stehe verzaubert, die Luft so klar
Flüchtig im Frühwind vertanzt sich das Jahr
Und den Blick Richtung Himmel beginn ich zu träumen
Mein Leben – ein Meer aus Apfelbäumen

DIE SCHWERTLILIEN

Iris pseudopallida

Zum Kämpfen sind wir nicht gemacht
Wir tragen unsre Blütenpracht
Nur spitz umzäunt damit sie nicht
Zu früh im Sonnenlicht zerbricht
Damit der süße Nektar weit
Getragen wird im Hummelkleid
Geschenkt, verschwendet, dargebracht
Zum Kämpfen sind wir nicht gemacht

FUTTER-ESPARSETTE

Onobrychis viciifolia

Schön bist du, Esparsette
Und doch frisst dich der Esel
Auch die Empfindsamen müssen
Auf Erden das Grobe ertragen

Du aber gründest tiefer
Und lehrst mich ruhig zu bleiben
Denn deine Wurzel ist stärker
Als je ein Esel es war

DIE TAMARISKE

Tamarix parviflora

Den Blütenflor wirfst du so weich
Als wollest die Luft du streicheln
Verwandelst die dunkelsten Äste
In seidige rosa Fontänen
Die flügelgleich glitzern im Licht
Gleich wirst du die Schwingen recken
Und singend gen Himmel fliegen
Was wusst ich bis heute von Bäumen

ZIERQUITTE

Choenomeles japonica

Ein Strauch voll wilder Glut
Wer hat ihn angezündet?
Die Blüten rot wie Blut
Wer hat den Schmerz ergründet?
Wer weiß, was Schönheit ist?
Wer kann sie je erfassen?
Wer kann der Farben Macht
Ganz in sein Herz einlassen?
Das Glühen ist zu stark
Ich kann mich nur verneigen
Und ehrfurchtsvoll auf eine
Quittenblüte zeigen

DER KLEINE STORCHENSCHNABEL

Geranium pusillum

Ich kenne ein winziges Pflänzchen
Nah an die Erde geschmiegt
Macht es ein zierliches Tänzchen
So hat es die Schwerkraft besiegt

Seine Blüten sind rosa Pünktchen
Seine Blätter sind Zwergenlaub
Seine Würzelchen winzige Strünkchen
Die halten in jedem Staub

So liebt die Erde das Kleine
Und die verletzlich sind
Gott spielt im Sonnenscheine
Er ist ein Kind

GELBE AZALEE

Rhododendron luteum

Die Azalee hat ihre Flammen angezündet
Vergänglich glüht die Welt in ihrem Blütenfeuer
Ein Farbenrausch, unendlich zart und teuer
In dem der Frühling seinen Ausgang findet

Welch Überfluss, welch magisches Verschwenden
Wenn Duft sich paart mit tausend Himmelssternen
Die im Verlöschen nächtlicher Laternen
Ihr leises Abschiedslied als Hauch beenden

Denn jede Schönheit kommt, uns zu umarmen
Im Augenblick
Sie zu erhaschen und ins Herz zu legen
Ist Glück

DAS EISENKRAUT

Verbena officinalis

Habe die Rüstung abgelegt
Spüre wie in mir sich Leben regt
Heut will ich nicht kämpfen, heut will ich nicht streiten
Heut will ich wachsen, blühen, mich weiten
Will an Vergangnem mich nicht mehr halten
Heut soll das Neue sich in mir entfalten
Will atmen, weich sein, mich nicht mehr bewachen
Das tun, was alle Mutigen machen
Leben ist Leben, ganz ohne Scheu
Ohne Schild, ohne Rüstung, jeden Tag neu

GESANG DER AKELEY

Aquilegia vulgaris

Ich blühe wo ich will
Ich bin ein Harlekin
Ich schlage Wurzeln wild
Und stark und ungestüm
In Gelb Blau Rot und Weiß
Verström ich meine Lust
Und fruchte tausendfach
Hast du das schon gewusst?
Mein feines Blütenkleid
Mit dem ich tanzen kann
Das zieh ich mir bei Tau
Am frischen Morgen an
Die Hummeln lieben mich
Und ich begrüße sie
Gemeinsam singen wir
Die Duft- und Hummelmelodie
In sonnensatter schöner Maienzeit
Ein gutes Leben wird
Erst wunderbar zu zweit

GOLDREGEN

Laburnum anagyroides

Es fällt ein Gold vom Himmel
Es will ein Glück zu dir
Erschwer es dir nicht
Verwehr es dir nicht
Empfange es für und für

Es fällt ein Gold vom Himmel
Es fällt in dich hinein
Erschwer es dir nicht
Verwehr es dir nicht
Erlaube dir, glücklich zu sein

Ist alles, was wir brauchen
Von Anbeginn schon da
Verändre die Sicht
Begib dich ins Licht
Das Gute ist immer nah

RHODODENDRON

Rhododendron caucasicum

Heute die Augen aufgetan
Da sah mich der Rhododendron an

Mondelang hat er die Knospen gestaltet
Nun sind sie prächtig aufgefaltet

Bis es sich zeigt in Vollkommenheit
Braucht alles Gute Stille und Zeit

DIE TROLLBLUME

Trollius europaeus

Gelbe Wiesenwesen wispern
Hinterm Beet auf langen Stangen
Poltern, rumpeln, hüpfen, flüstern
Farbenwild und unbefangen

Krumme Gnome, stramme Wichtel
Reiten quer durch Märchenwelten
Koboldhafte dralle Zwerge
Lachen, fluchen, springen, schelten

Trolle, Geister, Gartenwächter
Schauen zu, was wir so treiben
Achten darauf, dass wir Menschen
Immer schön auf Abstand bleiben

Dass wir ihre Rückzugsorte
Tunlichst meiden, höflich schonen
Wenn wir sie in Ruhe lassen
Bleiben gern sie bei uns wohnen

DAS MAIGLÖCKCHEN

Convallaria majalis

Es klingt beschwingt
Ein süßes Lied verbreitet
Sich aus dem Blätterallerlei
Es hat der Mai
Zum Tanze sich bereitet
Verlockend süße Düfte ziehn vorbei

Nun wird es licht
Und federleicht vor Helle
Die weißen Glöckchen läuten sacht
Vorbei die Nacht
Nun tritt an ihre Stelle
Der warme Tag, die beispiellose Pracht

Nun wird es gut
Nun können wir verzeihen
Uns selbst und anderen, was war
Der Mai ist klar
Er will auch uns erfreuen
Nimm seine Unbeschwertheit mit ins Jahr

VERGISSMEINNICHT

Myosotis sylvatica

Es mahnt mich
Nicht zu vergessen
Das Gute, das mir geschah
Tage voller Früchte
Augen, in die ich sah
Ein Händedruck, freundliche Worte
Ein Lächeln ohne Grund
Ein Sonnenstrahl im Winter
Ein Regenbogen bunt
Es mahnt mich
Nicht zu vergessen
Blüht und steht einfach da
Niemals zu vergessen
Was mir Gutes geschah

BLAUES GLÜCK

Myosotis decumbens

Ein Himmelblau wie Augen schön
Ein Sonnengelb drin Sterne stehn
So wachst und leuchtet, strahlt und blüht
Der Sehnsucht schönstes Liebeslied

Ein Lächeln huscht mir ins Gesicht
Entdeck ich dich, Vergissmeinnicht
Du leichtes Glück zur Maienzeit
Vom Wind in alle Welt verstreut

TRÄNENDES HERZ

Dicentra spectabilis

Warum denn weinst du, zartes Gebilde
Am Tag und in der Nacht?
Worüber bist du nur bekümmert?
Was hat dich so traurig gemacht?
Weinst du über uns Menschen
Weil uns die Tränen fehlen?
Hast du vielleicht gar Mitleid
Mit unsren vertrockneten Seelen?
Du feengleiche Pflanze
Voll Anmut und Herzensblut
Sehe ich deine Blüten
Weiß ich es wäre gut
Auch einmal weinen zu können
Wenn mir danach ist
Vielleicht kann ich's von dir lernen
Gut dass du bei mir bist

DIE KAISERKRONE

Fritillaria imperialis

Die Krone ist jetzt da
Die Kaiserin noch nicht
Ich warte schon so lang auf sie
Im warmen Frühlingslicht

Die Krone ist so schön
Die Krone ist so grün
Wo bleibt denn nur die Kaiserin?
Ich muss sie suchen gehn

Die Kaiserin ist weg
Der Tag nimmt seinen Lauf
Dann setze ich die Krone
Mir eben selber auf

IM SCHLEIERKRAUT

Gypsophila paniculata

Versteck dich nicht im Schleierkraut
Die Liebe kommt, wenn man sich traut
Glückt winkt dem Menschen, der dran baut
Sucht man es leise oder laut
Die Liebe kommt, wenn man sich traut
Es küssen Bräutigam und Braut
Sich inniglich, wenn keiner schaut
Und selbst, wenn schon das Haar ergraut
Die Liebe kommt, wenn man sich traut
Versteck dich nicht im Schleierkraut

WILDE TULPEN

Tulipa sylvestris

Hier sind sie also
Die Wiesen voller gelber Tulpen
Wild, kleinblütig, soweit das Auge reicht
An der Kreuzung zwischen
Bushaltestelle
Und der hölzernen
Madonna ohne Hände
In diesem tschechischen Dorf

Hier lebte meine Mutter als Kind
In den Krieg hinein
Hier lief sie durch Gassen
Pflückte den Frühling
Lachte, hüpfte, spielte
Fand Freundinnen
Hier auf den Wiesen
Voller gelber Tulpen

Hier
Auf diesen Wiesen
Gelb und üppig
Hier
Bei diesen wilden Tulpen
Hier, an der Kreuzung
Sieben Busminuten
Von Theresienstadt

DIE GROSSZÜGIGE SCHAFGARBE

Achillea millefolium

Kantige Stängel
Gefiedertes Blatt
Sie gibt sich allen
Spendiert was sie hat

Reinweiße Blüten
Himmlischer Duft
Der sich verströmt
In die Sommerluft

Nur wer sich schenkt
Ins Ganze hinein
Der wird am Ende
Leicht genug sein

WEISSER FLIEDER

Syringa vulgaris

Der Flieder blüht
So wolkenweiß und jung
Der Flieder blüht
Älter als meine Erinnerung
Sein Duft ist der Schlüssel
Öffnet die Herzenstür
Erzählt vertraute Geschichten
Bringt mich nach Haus zu mir
Der Flieder blüht
Rätsel der Zeitlosigkeit
Gesang der göttlichen Fülle
Lied der Vergänglichkeit

KRIECHENDER GÜNSEL

Ajuga reptans

Wie schön sind die Günselblüten
Gestreckt nach allen Seiten
Als würden winzige Engel
Ihre lieben Arme ausbreiten

Viel kleine blaue Engel
Mit zierlichen Silberhaaren
Mit blauen Flügeln und blauem Kleid
Kamen vom Himmel gefahren

Das Kleid haben sie entfaltet
Graziös und filigran
Das ist für meine Bienen
Eine freundliche Landebahn

Auf ihrem Köpfchen tragen
Sie golden und braune Samen
Darin steht die ganze Geschichte
Wie sie auf die Erde kamen

Und wie sie den Menschen helfen
Und ihre Wunden heilen
Ach Günsel, du bist so freundlich
Stets sollst du bei uns verweilen

Deine Kindel sollen bewurzeln
Dein Blau soll die Wiese füllen
Deine Engel sollen uns allen
Schmerzen und Sehnsucht stillen

DIE KUGELDISTEL

Echinops sphaerocephalus

Wehrhaft bist du, herrliche Kugeldistel
Dornig und borstig, mit Spreizen und Zähnen bewaffnet
Stachlige Blüten mit graublau metallischem Schimmer
Tragen die aufrechte Krone, stolz reckst du gen Himmel die Blätter

Wehrhaft bist du und weißt, wie man Schurken begegnet
Doch wer dein Inneres kennt und sich freundlich dir nähert
Seien es Schmetterlinge, seien es Bienen und Hummeln
Dem schenkst du alles und übermehr als er braucht

Lehre mich klar sein, bezaubernde, kraftvolle Pflanze
Lehre mich weise erkennen das eine wider das andre
Dass deutliche Grenzen ich setze, wo Würde mit Füßen getreten
Und bleibe doch zärtlich im Herzen, wenn es die Liebe gebietet

SCHÖLLKRAUTGEHEIMNIS

Chelidonium majus

Es brodelt im Hexentopf
Es flackert die Flamme
Es geistert der Totenkopf
Der uralten Amme

Es knistert das Grindenkraut
Es wispern die Mäuse
Es lispelt die Teufelsbraut
Im Schneckengehäuse

Es rührt mit dem Besenstiel
Die Alte die Suppe
Sie murmelt im Zauberspiel
Sie schnappt sich die Puppe

Sie reißt ihr die Haare aus
Wirft sie in die Brühe
Es leuchtet das Hexenhaus
Von all ihrer Mühe

Ein winziges Spinnenbein
Das Schwänzchen der Ratte
Vom Frosche ein Hinterbein
Vom Bärklau ein Blatte

Ihr rostiges Messerchen
Ist auch reingefallen
Was wird das ein Fresserchen
Das mundet doch allen

Und jetzt noch vom Schöllenkraut
Das leuchtgelbe Koma
Den Warzenätz, unverdaut
Oh, welch ein Aroma!

Der goldene Schwefelsaft
Materia Prima
Noch jeder wird hingerafft
Von seiner Intima

Oh Affelkraut, Herrgottsblatt
Oh Blutkraut, oh Kruchten
Oh Goldwurz und Sceli satt
Für alle Verfluchten

Wie duftet das zauberisch
Die Hexe muss schlecken
Herbei, ruft sie, frisch zu Tisch
Und lasst es euch schmecken!

DUNKLER FLIEDER

Syringa vulgaris

Ist nicht die Fliederblüte mit ihrem verschwenderischen
Leuchten und Duften von allen Blumen die schönste?
Wie sie ihr volles Purpur gegen die strahlende Bläue
Des Frühlingshimmels wie wildes Gewitter verstreut?
Wie sie mit ihrem Aroma auch noch den letzten Zweifler
Auch noch den einsamsten Menschen, das härteste Herz erreicht?
Über und über voll Blüten, als gäb es nicht Maßstab noch Grenzen
Noch Trauer noch Tod noch Erschrecken, nur Jubel und Freude
Tiefdunkle Fliederblüte, Göttin der Düfte, herrlicher Maistrauch
Du zeigst das Wunder der Schönheit, das Wunder des Daseins
Gestern und morgen sind Schemen, das Leben ist jetzt

THYMIAN

Thymus vulgaris

Weithin leuchtet des herrlichen Thymus Blüte
Mir auf der sandigen Fläche des Weges entgegen
Geist und Gemüt kann er heilen und dazu den Atem
Er will uns stärken und unsre Entzündungen hemmen
Woher nur nimmt diese Kraft eine winzige Pflanze?
Ist sie doch selbst so genügsam, wie kann sie anderen helfen?
Hier ist die Antwort: Nicht um sich selbst nur zu kreisen
Das schärft den Blick erst und macht uns frei für das Ganze

ERDROSE

Rosa pimpinellifolia

Kostbare Momente
Die Rose, die Stille und ich
Wenn wir uns wortlos verstehen
Jede für sich

Jede ganz einverstanden
Innehaltend im Sein
Verbunden in Duft und Sonne
Versunken, gelöst, allein

SUMPF-VERGISSMEINNICHT

Myosotis scorpioides

Du leichtes Sonnengelb
Du feines Himmelsblau
Du zauberhafter Stern
Im ersten Morgentau

Wo Gram und Tod regiert
Fängst du zu blühen an
Auf schmerzhaft dunklem Grund
Zeigst du was Schönheit kann

DIE TULPENBÄUME

Liriodendron tulipifera

Heute Nachmittag
Ist etwas Gutes passiert
Auf den Straßenbahnschienen
Blieb eine Feuerwehr hängen
Die Kinder waren begeistert
Sie stiegen die Leiter empor
Und sprangen auf die Sterne
Zum Entsetzen ihrer Eltern

Ein Eiswagenfahrer
Sah seine Chance gekommen
Er parkte sein rosa Gefährt
Gleich neben der Haltestelle
Alle kamen, selbst Alte
Selbst Nachbarn
Die sich noch nie gegrüßt hatten
Der Eismann orderte Nachschub

Man kroch ins Fahrerhaus
Goss mit der Riesenspritze
Alle durstigen Straßenbäume
Die Feuerwehrleute gaben Kaffee aus
Fenster wurden geöffnet
Kissen und Stühle gereicht
Man saß zusammen am Straßenrand
Als wäre das üblich

Man rauchte, staunte und schwatzte
Die Alten spielten Doppelkopf
Die Jungen Salt & Pepper
Ein seliges Durcheinander, der Himmel
War Vergissmeinnichtblau und die Sonne
So groß, dass man sie einatmen konnte
Frühling eben, ein explosives Gefühl
Von Glück machte sich breit und alle

Waren sich einig, dass sie schon lange
Keinen so schönen
Nachmittag mehr gehabt hatten
Die Tulpenbäume blühten
Seit Millionen von Jahren
Und noch immer
Sprangen die Kinder
Von Stern zu Stern

GIERSCH

Aegopodium podagraria

Oh der Giersch
Hast du ihn einmal, so hast du ihn immer
Und reiße ihn bloß nicht aus
So teilst du nur seine Wurzeln
Dann wird es noch schlimmer

Falls es dein Ziel ist
Man kann es verstehen
Dass in deinem herzig
Lieblichen Garten
Noch andere Pflanzen treiben

Gibt es nur Eines:
Du musst ihn essen
Und dir seine Wildheit
Ebenso wild und verwegen
Einverleiben

RAPS

Brassica napus

An manchen Tagen
Wird Gold ausgegossen
Sternenstaub
Über der Erde
Alles ist dann verzaubert
Und für einen Moment
Unirdisch schön
Gräser singen Gewissheit
Libellen ziehen
Ihr blau glänzendes Kleid an
Der Raps blüht
Und jeder Tautropfen
Antwortet
Auf ewige Fragen

DAS RUPRECHTSKRAUT

Geranium robertianum

Der Boden karg, die Erde Staub
Da drängst du, feines Federlaub
Durch eine Ritze unterm Tann
Und setzt hauchdünne Knospen an

In schönster, filigranster Art
Ganz Silberkunst, ganz engelszart
Du winzig Kraut entfaltest dich
Welch Künstlergeist erdachte dich?

Wie machst du das, verrätst du 's mir?
Du hast doch keine Speise hier
Und auch kein Licht und keinen Regen
Wie geht da Leben?

Wie ich das mache?
Das bleibt mir verborgen
Gott hat gesagt
Er wird für mich sorgen

DIE GOLDNESSEL

Lamium galeobdolon

Viel missachtet
Viel vernichtet
Rausgerissen
Ausgelichtet
Du kommst wieder
Du bleibst da

Falter fliegen
Bienen summen
Käfer krabbeln
Hummeln brummen
Deinen Blüten
Immer nah

Stoisch bleibst du
Und lebendig
Zeigst wie Dasein
Widerständig
Sich vollendet
Jahr um Jahr

KLEINES MÄDESÜSS

Filipendula vulgaris

Du schickst deinen Duft in die Welt
Orangen, Mandeln, Vanille
Mädesüß, liebliches Kraut
Glühe, behüte die Stille

Du wächst in der Einsamkeit
Leuchtest in ihren Höhlen
Kennst ihren festen Grund
Auf dich kann ich zählen

Mittsommer sammle ich dich
Dein Licht zu wahren
Du stärkst die Seele mir
In dunkleren Jahren

ANRUFUNG DES BARBARAKRAUTS

Barbarea vulgaris

Schärfe des Lebens, verleihe mir Wachheit
Schütze mich unter Tage
Wenn ich die Steine breche des Hasses
Schärfe des Lebens, verleihe mir Klarheit
Schütz mich im Licht der Sonne
Wenn meine Blöße mich preisgibt dem Bösen
Schärfe des Lebens, heilige Fremde
Die der Gewalt widerstand
Den Schmerz umarmte
Die sich nicht beugen ließ
Von Lug und Verrohung
Schärfe des Lebens, hülle mich ein
In deine grünen Blätter
Schärfe des Lebens, hülle mich ein
Verleihe mir deine Kraft

Juni

ROSENGLANZ

Rosa ‚Ghislaine de Féligonde'

Heute habe ich
Hauptsächlich nichts getan
Bin durch den Garten gegangen
Habe den Kirschbaum betrachtet
Der Sonne zugeblinzelt
Den Amseln gelauscht
Und ausgiebig
An den eben geöffneten Knospen
Der Ghislaine geschnuppert

Heute habe ich
Hauptsächlich nichts getan
Habe dagestanden
Mitten im Grün
Habe Gott einen guten Mann
Oder eine gute Frau sein lassen
Und still
Sehr still
Haben die spreizigen Blätter
Der Rose geglänzt

DREIMASTERBLUME

Tradescantia virginiana

Die Fahne gehisst
Die Segel gesetzt
Mich hält keiner auf
Ich blühe jetzt
Jetzt ist meine Zeit
Der Himmel ist weit
Verehren will ich
Die Unendlichkeit
Nach oben nach unten
Recke ich mich
Nach vorn und nach hinten
Strecke ich mich
Ich wuchere frech
Durch die kleinste Ritze
Ich schere mich weder
Um Kälte noch Hitze
Die Fahne gehisst
Die Segel gesetzt
Mich hält keiner auf
Ich blühe jetzt

DIE BARTNELKEN

Dianthus barbatus

Die Nelken mit dem Bart
Sagen, das Leben ist hart
Ein ganzes Jahr darf man nur Blätter treiben
Muss spärlich und schmucklos erdennah bleiben
Wird auch von niemandem angesehen
Muss winters vor Kälte und Frost vergehen
Und erst wenn man all dieses tapfer vollbracht
Und durchgestanden die schreckliche Nacht
Die Angst vor dem Tod, das furchtbare Schweigen
Darf man sich endlich blühend zeigen

Ihr schönen Blumen in meinem Beet
Die ihr im Juni in Blüte steht
Ich muss euch sagen, dass euer Leben
Mir oft schon ein tröstendes Beispiel gegeben
Das Schöne braucht wahrhaft Geduld und Zeit
Soll etwas draus werden, das andere freut
So lang ist der Weg und so quälend das Warten
Doch wenn ihr leuchtet in meinem Garten
Dann weiß ich, dass all mein Mühen und Fragen
Sich lohnen und irgendwann Früchte tragen

PERSISCHE GOLDROSE

Rosa foetida

Gestern noch geschlossen
Heut ist sie erblüht
Singt der Junisonne
Stolz ihr Jubellied

Und der Himmel zündet
Alle Feuer an
Damit er die Schöne
Besser sehen kann

Still und majestätisch
Zeigt ihr Gold sie her
Als ob sie ein Kind
Der Sonne wär

Gelbgetupfte Blätter
Tiefversteckter Sinn
Träumend sink ich nieder
Vor der Königin

DIE DUFTWICKE

Lathyrus latifolius

Du schöne Künstlerin
Du weißt
Dass nur Verschwendung
Wahre Größe heißt
Mit allem wirfst du um dich
Als wär's nichts
Mit Düften, Blüten, Farben
Ach, du Fängerin des Lichts
Du weißt, dass wir nur leben
Wenn in Stille
Wir lächelnd weitergeben
All die Fülle

WEISSE PFINGSTROSE

Paeonia lactiflora

Blätter um Blätter um Blätter
Übereinander gefaltet
Sonnig durchflutetes Schweigen
Das ein Geheimnis gestaltet
Ewiges Stirb und Werde
Fängerin allen Lichts
Schönheit und Trauer der Erde
Um eine Mitte aus Nichts

BEIM ANBLICK DES ERDRAUCHS

Fumaria officinalis

Staub liegt auf Blättern
Ein Wind geht darüber
Rauch steigt auf
Brennt unser Acker?
Sind wir verloren?
Lauf nur! Lauf!

Rauch fiel zu Boden
Grausame Jahre
Verleugnet, verschwiegen
Geister der Tiefe
Konnten darunter
Wachen und liegen

Doch nur ein Windstoß
Genügt, ihre Zeichen
Beißen und brennen
Schweigen ist Schuldigsein
Einzige Lösung
Alles benennen

Klar sei das Wasser
Und deutlich die Worte
Die wir erwählen
Waschen wir endlich
Asche und Rauch von den Blättern
Und von den Seelen

DAS WALDMEISTERSTRÄUSSCHEN

Galium odoratum

Seltsam still war es im Zimmer
Wenn wir Milch und Brot hintrugen
Zu der alten Nachbarin
Auch unheimlich, denn sie wünschte
Sich, dass wir noch etwas blieben
Doch dann schwieg sie vor sich hin

Und wir stellten ihr das Essen
Auf das Tischchen nah am Bett
Wie die Mutter es gesagt
Meine Schwester war schon groß
Und ich wollte gerne los
Doch ich hab es nicht gewagt

Atemrasseln, Uhrenticken
Leises Stöhnen, scheues Nicken
Meine Füße wurden kalt
Quer durchs Zimmer hing die Leine
Dran die vielen Zaubersträuße
Einer duftete nach Wald

Und die Alte sagt, den hätte
Damals, am Beginn der Liebe
Ihr der Liebste mitgebracht
Hätt ihr Treu und Glaub geschworen
Doch sie hätten sich verloren
Bald in einer Bombennacht

Und ich hör es und die Bilder
Steigen schwer im Zimmer auf
Plötzlich bin ich ganz gefangen
Fremd im fremden Weltenlauf
Krieg und Angst und Bombennacht
Da winkt mir die Alte sacht

Denn sie möchte nun das Sträußchen
Das so viel versprochen hat
Nochmal aus der Nähe sehn
Noch einmal, sagt sie, das Duften
Und ich solle es ihr geben
Dann will sie zum Liebsten gehn

Mutig steige ich aufs Sofa
Strecke mich, den Strauß zu greifen
Duftig Kraut nach langer Zeit
Seh den jungen Mann es pflücken
Seh der jungen Frau Entzücken
Als er ihr das Sträußchen weiht

Und in ihrem langen Leben
Hat's das Wichtigste gegeben
Liebe misst sich nicht an Zeit
Still leg ich's in ihre Hände
Sie ist schön in ihrem Ende
Und es riecht nach Ewigkeit

DIE HUNDSROSE

Rosa canina

Niemand rede gering
Von der einfachen Rose
Die im bescheidenen Kleid
Sich an Bienen und Hummeln vergibt

Gott mag das Schlichte
Er ist in die simplen Blumen
Tausendmal mehr
Als in die hochraffinierten verliebt

AN DIE BLÜTEN DES WIESENSCHAUMKRAUTS

Cardamine pratensis

Als Einzelkämpfer kaum zu sehen
Doch hebe ich den Blick, kann ich verstehen
Was auch die kleine Kraft erreicht, wenn sie zusammenhält

Gemeinsam seid ihr wilde Wolkenriesen
Charmant taucht ihr die bunten Frühlingswiesen
In warmen Lichterschein, vereint verwandelt ihr die Welt

VERBLÜHTE HECKENROSE

Rosa canina

Ein leichter Hauch
Im heißen Juniwetter
Da segeln schon die ersten Rosenblätter
Herab wie Staub
Herab wie müder Schnee

Ein leichter Hauch
So geht es hin im Leben
Was grad erblüht, fällt ab und ist vergeben
Wie tut das jedes Mal
Im Herzen weh

Lass los, lass los
Den Duft der Apfelbäume
Die Farben, Blüten, all die lieben Träume
Sie fallen leise
Und sie fallen weit

Lass los, lass los
Was soll dir schon geschehen
Lass alles los, denn alles will vergehen
Will Schatz und Fülle werden
In der Ewigkeit

AN DEN BORRETSCH

Borago officinalis

Deine Blätter will ich meiden
Weil sie manches Gift ausscheiden
Aber deine blauen Blüten
Sollen mir das Herz behüten
Und auch meinen Hummeln allen
Dienst du sehr zum Wohlgefallen

Raue Wolle ist dein Kleid
Sei willkommen alle Zeit!
Himmelsstern wirst du genannt
Gurkenkraut und Schauinsland
Wohlgemuth und Augenzier
Ich hab dich so gern bei mir

KLATSCHMOHN

Papaver rhoeas

Der Klatschmohn
Zwischen den Kartoffelblättern
Macht sich lang
Reckt
Seine
Arme
Gen
Himmel
Hisst
Seine
Rote
Flagge
Und
Ruft
Da bin ich!
Das Leben braucht Farbe!

WEISSER AFFODILL

Asphodelus albus

Könnten wir unsere Toten
Tatsächlich mit Nahrung versorgen
Wie wäre der Abschied leicht

Wüssten wir doch ihre Seelen
Hätten zum Wegzehr die Knolle
Und wären für immer gesättigt

Wir aber, die wir so klug sind
Haben die Bahnen der Sterne
Und das Vertrauen vergessen

Uns bleibt allein, schon hienieden
Unsere Liebsten zu nähren
Mit endlichen Gaben

BESCHWÖRUNG DER RESEDE

Reseda odorata

Es riecht nach Resede
Die Liebe ist da
Die Liebe für alle
Egal was geschah

Die Liebe für alle
Für jeden und jede
Die Liebe ist da
Es riecht nach Resede

Die Liebe ist da
Es riecht nach Resede
Egal was geschah
Die Liebe ist da

HIMMELSTELEGRAMM

Rosa Alain Blanchard

Die Rose von dir
Ist aufgeblüht blaurot
Hat sie mich geweckt mit
Dem Duft deines Blickes dem Klang
Deiner Worte dem Kuss deines Mundes
Lang schon verstummt doch
Die Rose von dir ist
Aufgeblüht

LAVENDEL

Lavandula angustifolia

In den Augen der Marienkäfer
Leuchtet es heute
Lavendelblau

Duftwolken hüllen sie ein
Machen sie schwer
Und trunken

Blüht der Lavendel, hält Gott
Den Atem an und die Käfer
Sprechen ihr blaues Gebet

GOLDFELBERICH

Lysimachia punctata

Sternschnuppen fallen in meinem Garten
Landen mitten im Goldfelberich
Schauen mich an mit großen Augen
Leuchten Geheimnis, verzaubern mich

Murmeln so golden, dass ich erblasse
Sagen mir, dass mein kleiner Verstand
Nicht alles weiß, es gibt allerhand
Weiter und reiner als ich es je fasse

GELBE LUPINE

Lupinus luteus

Wer hat deine herrlichen Blätter gemacht?
Offene Hände, ins Blaue getaucht?
Wer hat deine quirligen Blüten erdacht?
Gold über golden, samtüberhaucht?

Du bist wie ein fröhliches Mädchen geschmückt
Tollkühn, verwegen, verspielt und fein
Betrachte ich dich, ist mein Herz verzückt
Und ich habe Lust, wieder Kind zu sein

Gelbe Lupine, du Schönste der Schönen
Lachendes Dasein im Spiegel der Sonne
Ach, lass uns jubeln und tanzen und singen
Als sei unser Leben nur Freude und Wonne

WILDE GLOCKENBLUME

Campanula rotundifolia

Heut ist Konzert im Himmel
Die Lerchen singen laut
Und hier, am Rand des Weges
Steht eine Glockenbraut

Mit weißen und blauen Kleidern
Aus Sommerleichtigkeit
Fröhlich erklingt ihr Läuten
In der goldenen Mittagszeit

Heut ist Konzert im Himmel
Eintritt für alle frei
Weiße, goldne und blaue
Töne schweben vorbei

WEISSE WIESENMARGERITE

Leucanthemum vulgare

Margerite, Margerite
Immer zeigst du deine Blüte
Störst dich nicht an Wurm und Laus
Unverdrossen treibst du aus
Lachst, wenn dir wer sagen will
Dass du falsch bist und zu viel
Oder wenig aus dir machst
Lachst!

DIE MOOSROSE

Rosa centifolia muscosa

Lerche am Himmelszelt
Samenflug federleicht
Haselstrauch lichtumstellt
Drosselsang unerreicht
Lilien wie Himmelsfeen
Iris wie Augen schön
Und göttlich mittendrin:
Rose, die Königin

JASMIN

Jasminum officinale

Jasmin, du Juniduft
Wenn mich die Drossel ruft
Wenn sich der Himmel zeigt
Licht aus den Wiesen steigt
Tausendfachduftparfum
Weitleuchtender Jasmin
An dem ich still stehn muss
Grad wie beim ersten Kuss

Dein Weiß so makellos
Wundersam nackt und bloß
Wiegst du dein Herz im Tanz
Öffnest die Blüten ganz
Und zeigst dein Innres her
Als wär das gar nicht schwer
Jasmin, du Überfluss
Grad wie beim ersten Kuss

Jasmin, erinnre mich
Was ist die Zeit für dich
Ein Tor hindurchzugehn
Ein Kuss um stillzustehn
Ein kurzer Augenblick
Unsterblich wie das Glück

DER RITTERSPORN

Delphinium elatum

Als die Ritter das Kämpfen ließen
Begannen aus ihren spitzen Sporen
Kleine blaue Blumen zu sprießen
So wurde der Rittersporn geboren

Er singt uns von Brot und Apfelsüße
Schwört auf das Leben mit leuchtenden Kerzen
Und schickt seine üppigen Friedensgrüße
Weit durch die Welt bis in unsere Herzen

RITTERSPORN-KALENDERBLATT

Delphinium elatum

Heute nichts getan
Was ich abhaken könnte
Am Morgen
Der Rittersporn
Welch ein Blau
Ich verlor mich darin

Abends
Fand ich mich wieder
Zwischen Himmel und Wiese
Angefüllt mit Blau
Bis zum Rand

Heute nichts getan
Was ich abhaken könnte
Nur eingetaucht
In die Ewigkeit
Und das Herz hat wieder
Seinen richtigen Schlag

DAS PFENNIGKRAUT

Lysimachia nummularia

Was kostet die Welt?
Was kostet ein Tag?
Ein goldenes Lächeln
Ein Augenaufschlag
Ich blühe vor Lust
Und ich lebe im Rausch
Blüten um Blüten
Für nichts im Tausch
Ein sonniger Teppich
Ein leuchtender Gruß
Glück, für das niemand
Sich schinden muss
Für jeden genug
Und für alle so viel
Schön ist das Leben
Fülle und Spiel
Und alles geschenkt
Und jeden bedacht
Was kostet die Welt?
Ein Herz, das lacht

JOHANNISKRAUT

Hypericum perforatum

Leuchtendes Kraut zu Johanni
Du hast die Freude in dir
Pflücke ich deine Blüten
Danke ich dir dafür

Lege sie in die Flasche
Gieße das Öl dazu
Stelle es in die Sonne
Gebe ihm seine Ruh

Und wenn im Herbst meine Seele
Sonnenlos ist und allein
Nehm ich die Kraft deiner Blüten
Und reibe mich damit ein

DER DIPTAM

Dictamnus albus

Blüten, vom eigenen Duft entzündet
Wurzel, die tief im Erdreich gründet
Feuer das wärmt, aber nicht verzehrt
Geheimnis, das uns den Zugang verwehrt

Als Moses den brennenden Dornbusch fand
Als er sich warf in den Wüstensand
Als all sein Wissen zu Asche zerfiel
Sagte die Stimme: Du bist am Ziel

Lass los, was du hast und wie du heißt
Vergiss alle Normen und was du weißt
Die Welt ist größer, sieh sie dir an
Vertraue, dass sie dich tragen kann

Das Ewige spricht und wir erschrecken
Wenn wir im Staub sein Wesen entdecken
Wenn es uns seine Wahrheit schenkt:
Jeder von uns ist mehr als er denkt

Der Diptam brennt, so still und schön
Der Diptam brennt, ich hab es gesehn
Wie ist das möglich, wie kann das sein
Für alle Wunder sind wir zu klein

AN DAS KNOPFKRAUT

Galinsoga parviflora

Du kleiner Knopf
Was ist denn dir passiert?
Die Hälfte deiner Blätter
Sind ja abrasiert
Nun hast du Lücken
Und siehst zahnlos aus

Doch weißt du was?
Mach dir nichts draus
Und schaue nicht so sehnlich
Denn auch uns Menschen
Wenn wir älter werden
Geht es ähnlich

Bald fällt uns eines
Bald das andre ab
Mal zieht's im Fuß und mal im Rücken
Was soll's, dann bleibt uns eben nur
Was immer wichtig ist
Das Augenblicksentzücken!

DIE MALVE

Malva sylvestris

Die wilde Malve ist aufgeblüht
Ein köstlicher Jubel mein Herz durchzieht
Keck lacht ihre Blüte hervor aus dem Feld
Wo sie sich zu Goldlack und Eibisch gesellt
Sie kam einfach so, von den Vögeln gebracht
Sie leuchtet am Abend und brennt in der Nacht
Sie wächst wie sie möchte und wo es ihr passt
Als feuriger, freier Gartengast
Die Malve ist da und feiert das Leben
Selbst ein Geschenk, will sie alles geben
Sie ist wie die Liebe, grenzenlos
Es lebe die Freiheit! Erst sie macht uns groß

DIE NELKENWURZ

Geum urbanum

Der Garten, in dem diese Blume
Unterm Birnbaum ihr Plätzchen fand
Und blühte wie Sommerfeuer
Im verwunschenen Kinderland

Der Garten, darin schlichte Formen
Mich ganz in Verzückung rissen
Darin es mir reichte zum Glücklichsein
Nur ihren Namen zu wissen

Der Garten, in dem die Nelkenwurz
Jahre brauchte sich auszubreiten
Und keiner kam und bändigte sie
In endlosen Sommerzeiten

In diesem Garten wurzelte ich
Lag träumend in seinem Schoß
War mit den Faltern und Blumen verwandt
Und wurde ein wenig groß

Leider nicht groß genug, weil dann
Die Bagger und Kräne kamen
Die kannten weder die Nelkenwurz
Noch andere Blumen beim Namen

Drum rissen sie alle Pflanzen aus
Ein paar Falter konnten sich retten
Wenn sie doch nur für die Nelkenwurz
Ein Eckchen gelassen hätten

RAINFARNZAUBER

Tanacetum vulgare

Nur zu Johanni
Wirkt noch der Zauber
Des Rainfarn
Streu seine Blüten
In deine Schuhe
Steck seine Dolde
An deine Mütze
Schon bist du unsichtbar

Nur zu Johanni
Hat seine alte
Kraft noch der Rainfarn
Sonst aber
An jedem einzelnen
Tag des Jahres
Bleibt dir nichts übrig
Du musst dich zeigen

TÜRKISCHER MOHN

Papaver orientale

Heute muss ich
Alle Termine
Absagen
Meine Mohnblume geruht
Sich zu öffnen

Wie jeder weiß
Blüht sie kurz
Manchmal nur einen Tag
Drum bleibe ich bei ihr
Sie ansehen
Nichts
Kann wichtiger sein

ROTKLEE

Trifolium pratense

Wäre des Lebens Glück
Vierblättrig grün
Und auf einer Wiese zu finden
Müssten wir nicht alltäglich
Uns mit dem Schweren mühn
Nicht Tiefe und Sinn ergründen

Ach, wie leicht wäre alles
Würde es so für uns sprießen
Gefunden, geschenkt
Vielleicht aber ist das Glück
Wenn wir es nur freudig begrüßen
Viel einfacher als man denkt?

WILDER MOHN

Papaver rhoeas

Die Sonne steigt auf
Es glüht ihr Gesicht
Sie weckt meine Blüte
Sie lockt mich ans Licht
Da hält mich nichts mehr
Ich werde zum Kind
Und werfe mein Rot
In den Sommerwind

Ich tauche die Welt
In liebliches Rot
Ich nähre die Sehnsucht
Ich lindre die Not
Ich hege die Hoffnung
Ich stille den Schmerz
Ich brenne den Traum
In jedes Herz

Vergeude mich ganz
Für einen Tag
Frag nicht, was der morgige
Bringen mag
Zu zögern, zu geizen
Ist nicht mein Sinn
Mich ganz zu vergeben
Ist mein Gewinn

Den Traum einer guten
Gerechten Welt
Für jeden ein Platz
Und wen, der ihn hält
Für jeden Brot
Und den Himmel weit
Für jeden Frieden
Auf Lebenszeit

Heut blühe ich auf
Heut werd ich zum Kind
Heut werf ich mein Rot
In den Sommerwind
Sonne, hier bin ich
Stark und wild
Groß wie die Hoffnung
Dein schönstes Bild

DIE KLUGE STUDENTENBLUME

Tagetes patula

Es wollt eine Blume studieren
Damit sie auch etwas sei
Sie wollt ihren Master machen
In Botanik und Gärtnerei

Sie suchte sich eine Uni
Und immatrikulierte
Sie meinte, dass sie damit
Im Grunde schon studierte

Nachdem sie dies erledigt
Ging sie zum Beet zurück
Schlief eine kleine Runde
Und bedachte ihr späteres Glück

Die Zeit ging hin, die Blume
Hockte im Beet und schlief
Es ging ihr gut, ihre Wurzeln
Drangen ins Erdreich tief

Sie träumte von ihrem Master
Und so verstrich die Zeit
Keine Mühen, kein Desaster
Der Himmel war blau und weit

Die Blume lag im Bettchen
Genoss der Sonne Glanz
Und ab und zu schob sie ein Blättchen
Aus ihrem Blütenkranz

Sie war durchaus entschlossen
Zu lernen, wenn's soweit wär
Doch mal ist ein Regen geflossen
Und mal war der Kopf ihr schwer

Und wenn sie jemand fragte
Nach ihrer Studiererei
Sagte sie, dass das Studieren
Sehr edel und mühsam sei

Und redete findige Sachen
Und machte die Sätze schön
Es war ihr besonderes Können
Dass andre sie nicht verstehn

Bald glaubten wirklich alle
Diese Blume sei überaus klug
Sie studierte ja auch schon so lange
Doch damit nicht genug

Sogar den lateinischen Namen
Ihrer Großmutter hat sie gekannt
Und darum wurde die Blume
Studentenblume genannt

LÖWENMÄULCHEN

Anthirrhinum majus

Hunderte dösende Löwen sehen so friedlich aus
Liegen bei sinkender Sonne ruhig im Löwenhaus
Lecken die riesigen Mäuler, gähnen so schläfrig und müd
Strecken die mächtigen Pranken, murmeln ein Abendlied
Schließen allmählich die Augen, die Lider sind ihnen schwer
Träumen, sie wären fortan gar keine Löwen mehr
Sondern stattdessen Blumen, von Düften und Lüften umweht
In einem schönen Garten, auf einem wilden Beet
Besucht von dicken Hummeln, die ihnen ins Mäulchen fliegen
Und, wenn sie satt sind, zufrieden auf ihren Blättern liegen
Hunderte dösende Löwen lächeln still vor sich hin
Rosa wird ihre Mähne, mit gelben Sprenkeln darin
Rosa werden die Lider, rosa das Maul und die Pranken
Rosa die Luft und die Hummeln und all ihre Traumgedanken
Nun müssen sie nicht mehr jagen, sie können den ganzen Tag
Schlafen und träumen und dösen, wie es ein Löwe mag
Und um sie wird alles rosa, sie haben sich vorgestellt
Dass sie die schönsten Blumen sind auf der ganzen Welt
Alles, alles wird rosa, der Garten, die Wolken, der Baum
Weil: Hunderte dösende Löwen träumen den Blumentraum

WALDGEISSBART

Aruncus dioicus

Raureif im Schatten?
Mitten im Sommer?
Wie ist diese Wolke gefrorenen Lichts
Dort zwischen Farne und Hecken gekommen?
Wundermild leuchtend, wie aus dem Nichts?

Schleicht eine Zauberin
Nachts durch den Garten?
Berührt sie mit ihrem magischen Stabe
Heimliche Wesen, verhüllte Gestalten
Die ich noch niemals gesehen habe?

Lässt sie erstarren
Und sichtbar werden
Gespenstische Tänzer und Tänzerinnen?
Mitten in finsteren Dunkelgrünecken
Wo sie zu herrlichen Blumen gerinnen?

Oh welch ein Schauspiel
Der Schatten leuchtet
Und zeigt mir sein unergründliches Wesen
Nun kann ich in ihm wie in einem Buche
Das ganze Geheimnis des Lebens lesen

BRENNENDE LIEBE

Lychnis chalcedonica

In einem alten Garten
Waren wir beide Kind
Wir haben keinem verraten
Wo wir zu finden sind
Verkrochen uns in den Hecken
Erkundeten Busch und Baum
Konnten verschwinden, verstecken
Uns in dem grünen Traum

Du sagtest, man muss der Schwester
Treu sein bis in den Tod
Und zeigtest mir eine Blume
Die war wie die Liebe rot
Ich habe dir Treue geschworen
Und Liebe für alle Zeit
Mit dir durchs Feuer zu gehen
War ich bereit

Wir tauchten in Himmelsgefilde
Tranken uns satt an Gedichten
Um uns die Blumen erzählten
Alte und neue Geschichten
Wir sprangen aus aller Enge
Und hielten uns an den Händen
Wir zogen uns Flügel an
Und glitten bis zu den Enden

Des Weltalls, um zu erkunden
Ob es wie ein Garten sei
Wer sollte uns schon verwunden
Wir hatten ja uns zwei
Da war alles leicht gewesen
Und deutlich wie ein Gesetz
Du hast mein Herz gelesen
Als wär es ein Buch. Und jetzt?

Jetzt bist du fortgeflogen
Den Garten gibt es nicht mehr
Die Bäume sind ausgerissen
Alles ist leer
Nur die Blume, die Brennende Liebe
Sie hört nicht auf zu blühn
Sie ist weiser als ich, sie hat dir
Wohl längst verziehn

KARPATENGLOCKENBLUME

Campanula carpatica

Du kleines leuchtendes Meer
Du Blaublütenlabyrinth
Ich setze mein Boot in dich
Und warte auf Wind

Du glockender Überfluss
Du Wolke aus Stille und Licht
Du Duft bis zum Horizont
Verwehr es mir nicht

Auf deinen zärtlichen Wellen
Gleite ich sanft dahin
Eingetaucht in Bläue
Bis ich am Horizont bin

LIEBSTÖCKEL

Levisticum officinale

Liebstock, du Löwenkind unter den Gartengeschöpfen
Der du an Kraft und an Stärke den anderen stets überlegen
Und doch verwegen die Liebe dir holst in den Namen
Großzügig bist du und heilend, gibst gerne und reichlich
Von deinen Gaben all denen, die ihrer bedürfen
Wissend, die Erde versorgt dich und hält dich geborgen
Dich will ich loben und möchte wie du mich verschenken
Lehre mich Großmut, gespeist aus großem Vertrauen

TOTENGESANG FÜR EINEN KROKUS

Crocus vernus

Zwischen Rittersporn
Und Azalee
Der vertrocknete Krokus
Sein Welken
Mitten im Blühen
Sein Sterben
Mitten im Leben

Mohnblätter decken ihn
Zu mit dem Rot
Ihres Herzens
Die Kraft
Muss zum Zentrum
Zurück
Dort schläft sie lang

Auch das
Ist mein Garten
Alles will Humus werden
Will sich verwandeln
Und neu
Seinen Frieden machen
Mit der begrenzten Zeit

NACHTKERZEN

Oenothera tetragona

In meinem Garten
Flammen die Kerzen an
Funkeln geheimnisvoll
Duften so übervoll

In meinem Garten
Wenn alle schlafen gehn
Blühen die Königinnen
Golden und wunderschön

Alles Geheimnis
Zeigt sich in dunkler Nacht
Böses verliert die Macht
Wenn Kerzen blühn

Juli

DAS GEISSBLATT

Lonicera caprifolium

Ich dufte des Nachts
Wenn alle schlafen
Dann zieh ich mein schönstes
Federkleid an
Spiele mit Formen
Wechsle die Farben
Und verrate euch nicht
Was ich noch alles kann

Warum in der Nacht?
Das will ich euch sagen
Weil euch mein Duft
Dann viel stärker liebkost
In euren Träumen
Und Tränen und Klagen
Braucht doch ihr Menschen
Am meisten Trost

DIE LICHTNELKE

Silene dioica

Scheint kein Licht
Blühe ich nicht
Dann stehe ich still
Ich weiß was ich will

Ich rühre mich nicht
Ich warte auf Licht
Ich weiß was ich brauch
Und du? Weißt du's auch?

DIE KARDE

Dipsacus fullonum

Die sich mit Stacheln bewehren
Und aufrecht stehen
Gelten als stolz
Karde
Du weißt es besser
So voller Süße bist du
Dass du die Blüte
Im Doppelring trägst
Alle zu nähren, die dich
Zärtlich und achtsam besuchen
Stolz ist nicht immer der Grund
Wenn die Berührung man scheut

GROSSE STERNDOLDE

Astrantia major

Kann wohl ein Stern sich schöner zeigen
Dem Himmel verwandt, dem göttlichen Reigen
Geboren aus Grün und silbrigem Weiß
Der Erde verschwistert im ewigen Kreis
Vollkommen und schlicht in seliger Stille
Gespeist aus dem All, aus himmlischer Fülle
Tanzend auf zierlich grazilen Zweigen
Kann wohl ein Stern sich schöner zeigen?

WO DAS ZITTERGRAS WÄCHST

Briza media

Immer stark sein müssen
Niemals Schwäche zeigen
Schon gar keine Angst
Welch ein Leben
Liebste
Deine Hände
Sind wiesengrün
Dein Herz
Lässt alles ein

Deine Augen
Lächeln mild
Wo das Zittergras wächst
Wollen wir wachen
Das Kleine behüten
Das Schwache umarmen
Und uns verbinden
Mit Erde und Himmel

ZITTERNDE LIEBE

Briza media

Das Zittergras ist in den Mond verliebt
Und jede Nacht
Wenn er sich leise aus den Wolken schiebt
Bescheint er sacht
Das Gras, das liebt

Verzaubert still sein unscheinbares Herz
Macht's licht und weit
Und weiß doch nichts
Ach nichts von seinem sehnsuchtsvollen Schmerz
Und seiner Zärtlichkeit

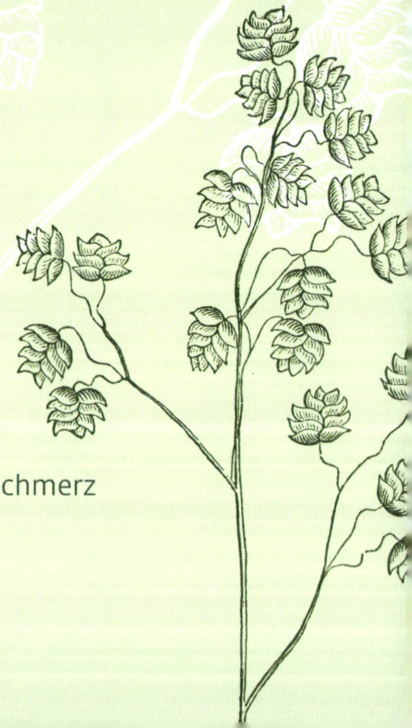

DIE VERLASSENE TRIPMADAM

Sedum rupestre

Tripmadam, Dickmadam
Wo ist denn dein Bräutigam?
Wurde er gar wundersam?
Schickte er ein Telegramm?
Tripmadam, Dickmadam
Immer fügsam und genügsam
Hütest du den Flitterkram
Mit des Liebsten Monogramm
Tripmadam, Dickmadam
Immer noch, du kleines Lamm
Suhlst du dich im Erdenschlamm
Und wirst niemals unduldsam
Tripmadam, Dickmadam
Rechne mal in Dezigramm
Längst ist doch dein Bräutigam
Dorten, wo die Sonne schwamm
Ließ dich sitzen still und klamm
Bis aus seinem Blick verschwamm
Deiner Liebe Moriam
Ach du arme Tripmadam!
Weine nicht, gräm dich nicht
Er ist es nicht wert
Wachse, blühe, tanze, lache
Das ist nie verkehrt!

DAS GLÜCKSMÄNNEL

Allium victorialis

Glück muss man haben
Dann bleiben die Teufel
Draußen, so sehr sie auch toben und brüllen
Glück muss man haben
Und sich seine Taschen
Mit dieser würzigen Wurzel füllen
Böse Gespenster und Schreckgestalten
Mögen ihn gar nicht, diesen Geruch
Sie werden panisch und ungehalten
Und kommen nie wieder zu Besuch
Glück muss man haben
Das Glücksmännel finden
Dann ist man vor allem Unheil geschützt
Ob dieses Kräutlein
Vielleicht auch heute
Noch gegen Hasser und Hetzer nützt?
Ich will es probieren
Und trage die Wurzel
Nun heimlich in allen Taschen und Falten
Über ein Kurzes
Werden wir sehen
Ob Allium victo Wort gehalten

AN DEN BEINWELL

Symphytum officinale

Helfer der Schwachen, Arzt aus der Erde
Beinwellwurzel, mach uns gesund
Dass unser Leben wohliger werde
Dass wir ihn wieder finden, den Grund

Kuriere die Knochen, lasse die Wunden
Verschwinden, nimm uns die Schmerzen ab
Belebe die Haut und behebe die Schrunden
Mache uns heil und bring uns auf Trab

Behandle uns freundlich, du gütiges Kraut
Lasse uns leichter und fröhlicher werden
Noch immer hat ja, wer dir vertraut
Hilfe gefunden, du Arzt aus der Erden

STOCKROSEN

Alcea rosea

Im Garten wachsen sie
Nie wie am Meer
Nur dort
Zwischen den Möwenschreien
Im Lärm der Gischt
Hinter den Windflüchtern
Unter den Reetdächern
Gekrallt an die kargen Mauern
Geduckter Höhlen
Wo Salz und Einsamkeit
In die Fugen dringen
Wo die Seele wund wird
Vor Schweigen
Nur am Meer
Nirgendwo sonst
Haben die Stockrosen
Solch göttliche Farben

BALDRIAN

Valeriana officinalis

Die rosa Wolke wie zuckrige Watte
Duftet recht seltsam über dem Beet
Wenn ich bis heut keine Katze hatte
Hab ich nun viele. Es ist zu spät
Dem Herrn Baldrian jetzt noch ein Schreiben zu senden
Er möge doch etwas weniger riechen
Schon sehe ich Katzen aus allen Enden
Eiligst in meinen Garten kriechen

Sie hocken auf Wegen, sie mauzen, sie zähren
Der ganze Garten ist von ihnen voll
Kann mir bitte mal jemand erklären
Was ich mit so vielen Katzen soll?
Es ist ein Elend, normalerweise
Machen mich blühende Blumen froh
Doch der Herr Baldrian, still und leise
Verwandelt den Garten in einen Zoo

Ich werde ihn bitten, woanders zu blühen
Vielleicht ein paar Kilometer südlich
Ob er sich herablässt umzuziehen?
So viele Katzen sind ungemütlich
Ich schlafe nicht mehr, ich kann nicht mehr denken
Die ganze Nacht hör ich ihr Liebesgeschrei
Könnt ich nicht die Pflanze samt Katzen verschenken?
Jemand Intresse? Ich komm gern vorbei

DIE HORTENSIE

Hydrangea macrophylla

Hortensie, blauverwaschenes Meer
Sehe ich dich, wird das Herz mir schwer:
Verlaufene Farben, stockender Ton
Anstrengung, Mühe und Perfektion
Du zeigst es mir deutlich: Woll'n wir zu viel
Erreichen wir selten ein fröhliches Ziel

BIENE IM STECHAPFEL

Datura stramonium

Stacheln um die Frucht, die grüne
Drunter eine kleine Biene
Die im weißen Zaubertrichter
Taumelt, lächelnde Gesichter
Böse Herren, kalte Damen
Lichtgewitter, irre Namen
Höllenzwerge, Angstgestalten
Kröten, die die Zehen falten
Wahnbild, Täuschung, Spukgeschichten
Die ihr böses Werk verrichten
Duften, locken, gaukeln, stinken
Kleine Biene! Lass das Trinken!
Vieles, was uns schillernd bannt
Nimmt uns mit ins Niemandsland
Dieser Becher, weiß wie Schnee
Trägt ein Gift voll Ach und Weh
Dieser Trunk hat Tod in sich
Kleine Biene! Hüte dich!

PRUNKWINDE

Ipomoea tricolor

Strahlendes, magisches Blau
Dem Himmel verwandt
Wer hat dich nur hierher
Auf die Erde gesandt

Senk ich den Blick in dich
Du verwunschene Blüte
Fühl ich des großen Schöpfers
Zärtliche Güte

Fühle, dass ich geliebt
Begrenzt wie ich bin
Dass es ein Ganzes gibt
Seit Anbeginn

Strahlendes, magisches Blau
Blau der Unendlichkeit
Blühe für uns immerfort
Bis ans Ende der Zeit

GAMANDER

Teucrium chamaedrys

Schöne Blume Gamander
Zwischen lackierten Blättern
Immer aufs Neue
Entrollst du geduldig
Die Schnecke der Knospen

Einem Kalender gleich
Zeigst du an jedem Tag
Eine einzige
Kunstvoll gestaltete Blüte
Und feierst ihr Dasein

So sollen wir leben
Das Eigene zeigen
Die Tiefe entfalten
Dem Wunder in uns erlauben
Zur Welt zu kommen

DURSTIGER DOST

Origanum vulgare

Der Dost ist müde
Seit Monden kein Regen
Er kann die Blätter
Kaum noch bewegen
Die Blüten stocken
Sie öffnen sich nicht
Sengende Sonne
Gleißendes Licht

Der Dost ist müde
Er krallt sich fest
Und merkt doch wie ihn
Die Kraft verlässt
So viele Wochen
Schon ausgeharrt
Nun weiß er, dass ihn
Die Hoffnung narrt

Der Dost ist müde
Nur einmal trinken
Schon fühlt er sich elend
Zur Erde sinken
Nur wenige Tropfen
Würden ihm reichen
Er fleht zum Himmel
Ihn zu erweichen

Der Dost ist müde
Ihr Wolken, Erbarmen
Regnet, regnet
Erquickt den Armen
Schon neigt er sich
Wirft das erste Blatt
Regen, komm
Dass er Wasser hat

Da, ein Tropfen
Erreicht die Erde
Und dort ein zweiter
Große Gebärde
Es rauscht, es sprudelt
Es schäumt, es sprüht
Still reckt sich der Dost
Und blüht

TAGLILIE

Hemerocallis lilioasphodelus

Strahlendes Gelb, als verteile ein Falter
Gleißende Flecken von Licht um sich her
Nur für den Augenblick, alles ist endlich
Wer diese Blüte sah, braucht nicht mehr

Nur einen Tag und schon welken die Blätter
Wer hat die Länge der Sehnsucht geeicht
Wer kann die Tiefe des Duftes ergründen
Einen Tag leben genügt, das reicht

Nicht die Minuten, die Stunden nicht zählen
Strahlender Falter, flieg mutig ins Licht
Nur, was wir träumten und liebten, gibt Antwort
Nur, ob wir leuchteten, fällt ins Gewicht

WEISSE MADONNENLILIE

Lilium candidum

Sah ich je solch ein Weiß
Wie die Lilie es hat
So erhaben, so rein?
Wenn ein Kind wird geboren
Und ist noch ganz klein

Wenns die Welt will umarmen
Und alles entdecken
Und Liebe verschenken
Wenns gar noch nichts Böses
Kann sehen und denken

So kommen wir alle
Auf diese Erde, unverletzt
Mit liebender Seele
Ein Fünkchen davon
Reicht vielleicht bis zuletzt

WIESENKNÖTERICH

Bistorta officinalis

Kaum taucht die Sonne
Hinter den Kirschbaum
Werden auf der Wiese
Kerzen angezündet

Je dunkler der Himmel
Umso kräftiger strahlen
Die rosa Flämmchen
Bestimmt gibt jemand

Ein Fest heute Nacht
In meinem Garten
Für wispernde Mondgeister
Elfen, Blumenengel

Und Heuschrecken
Behutsam verdrücke
Ich mich ins Haus
Ich will nicht stören

TÜRKENBUNDLILIE

Lilium martagon

Edelste Blume, dein Rot
Hat die fallende Sonne getrunken
Du bist in Liebe und Tod
Alljährlich hinab gesunken

Scharlach umgibt dich, dein Rot
Ist für Königinnen gemacht
Grazie, jenseits von Not
Bricht aus den Tiefen der Nacht

Du kennst die Dunkelheiten
Du hast mit mir geweint
Hast meine schweren Zeiten
Mit meiner Sehnsucht vereint

Kaum öffnest du deine Blüte
Wird schon das Herz mir weit
So hüllst du, edle Blume
Mich in dein Purpurkleid

HERZGESPANN

Leonurus cardiaca

Schlägt der Löwe mit dem Schwanz
Krawautz
Tanzt das Herz den Totentanz
Krawautz
Pocht und klopft, schlägt Purzelbäume
Springt hinaus in Weltenräume
Neigt sich vor dem großen Kauz
Krawautz

Löwenblume, Herzenskraut
Krawautz
Wer dich kennt, ist wohlvertraut
Krawautz
Mit dem Tod und mit dem Leben
Herzgespann! Ach, alles geben
Uns die Götter, nie zurück
Drehen wir den Augenblick
Krawautz

BERUFKRAUT

Erigeron annuus

Berufen wozu
Mich zu erlösen?
Von allen Verwünschungen
Die mir gewesen?
Von allen Flüchen
Und allem Übel?
Von bösen Blicken
Und dunklem Gegrübel?
Von alten Schmerzen
Und Lebensbrüchen
Von Leid und Tränen
Und Zaubersprüchen?
Du kleines Kräutlein
Wie strahlst du fein
Und sagst, mir selbst
Soll ich freundlich sein
So wird wieder gerade
Was schief und krumm
So wende ich Böses
In Gutes um

DAS SANDGLÖCKCHEN

Jasione laevis

Wenn das blaue Glöckchen klingt
Wenn's sein leichtes Liedchen singt
Sonnensatt und unbeschwert
Hat es selten wer gehört

Denn das Glöckchen klingt ganz leise
Seine edle Sommerweise
Fliegt sehr zaghaft in die Welt
Die von Lärm und Donner gellt

Willst du drum das Glöckchen hören
Darfst du's nicht beim Singen stören
Musst dich zärtlich zu ihm setzen
Darfst nicht reden, darfst nicht hetzen

Darfst nicht fluchen, darfst nicht dröhnen
Darfst nicht kreischen und nicht stöhnen
Darfst nicht brüllen, darfst nicht krachen
Und auch sonst nichts Lautes machen

Darfst auch gar nicht randalieren
Keinerlei Radau vollführen
Darfst nicht grölen, darfst nicht klagen
Darfst nicht eine Silbe sagen

Musst dich vor dem Schreien hüten
Darfst nicht poltern und nicht wüten
Darfst nicht zetern, nicht krakeelen
Und auch nicht bis Hundert zählen

Darfst nicht knallen und nicht knattern
Auch nicht zanken und nicht flattern
Darfst nicht blöken und nicht toben
Nicht einmal dich selber loben

Darfst nicht lärmen, darfst nicht rauschen
Musst ganz stille sein und lauschen
Dann wird dir schönste Lohn
Dann hörst du des Glöckchens Ton

BOCKSDORN

Lycium barbarum

Der Bocksdorn verspricht, edle Früchte zu tragen
Doch Vorsicht, er will dich ins Bockshorn jagen
Denn was er da trägt, ist der Rede nicht wert
Viel zu versprechen ist oft verkehrt
Um ein Versprechen erst gar nicht zu brechen
Ist's daher besser, nichts zu versprechen

NATTERNKOPF

Echium vulgare

Der Natternkopf ist rot und blau
Doch passt sein Name nicht genau
Kein Schlangenbiss und auch kein Gift
Droht einem, wenn man auf ihn trifft

Nie hat er Mensch noch Tier geschunden
Im Gegenteil, er heilt die Wunden
Und kann so manches Leiden wenden
Drum lass dich nie von Namen blenden

ROTER FINGERHUT

Digitalis purpurea

Ich bin der herrliche Fingerhut
Meine Speise ist nur für die Hummeln gut
Knospen hab ich, die kannst du nicht malen
Blätter, die kannst du nicht bezahlen
Samen so viele, dass du erblasst
Und in mir ein Gift, das dein Herz anfasst
Ich recke mich hoch und leuchte weithin
Ich heile und nähre, das ist mein Sinn
Freu dich der Schönheit, doch mit Bedacht
Nicht alles, was blüht, ist zum Essen gemacht

DIE ZITRONENMELISSE

Melissa officinalis

Es leuchten still die kleinen weißen Blüten
Es duften sanft die grünen Zackenkissen
Es wachsen fein und einfach die Melissen
Sich zu verschenken und uns zu behüten

Es muss nicht jeder große Kelche haben
Es kann nicht jede helle Lieder singen
Es reicht zu sein und mutig darzubringen
Was man empfangen hat an Gottes Gaben

Was ist das Äußere. Ein flüchtig Kleid
Das schnell vergeht und abfällt übers Jahr
Dann bist du nackt. Dann wird dein Wesen klar
Und überdauert Raum und Zeit

DAS ESELSOHR

Stachys byzantina

Ich hab einen kleinen Esel
Den streichle ich morgens so gern
Am liebsten am Ohr, das ist samten und weich
Mit winzigem lila Stern

Ich hab einen kleinen Esel
Wohnhaft in meinem Garten
Und dass ich ihm Guten Morgen sage
Kann er wohl täglich erwarten

Ich hab einen kleinen Esel
Der ist schon sehr lange bei mir
Schreit nicht, bockt nicht, hat nie gebissen
Und tritt gegen keine Tür

Ich hab einen kleinen Esel
Der frisst weder Möhren noch Kuchen
Der wächst ganz still in meinem Beet
Willst du ihn mal besuchen?

STOCKMALVEN

Alcea rosea

Malvenblüten
Wildblaue Sonnen
Leben ist leuchten. Leben ist Duft
Rosa, Zitronengelb …
Abends verronnen
Tropft ihre Farbe schwer in die Luft
Malvenblüten
Flirrendes Sterben
Kreisrunde Samen. Lichtmandalas
Magisch gedunkelt
Wie Kirchenglasscherben
Liegen sie morgens im taunassen Gras

DIE WALDREBE

Clematis vitalba

Staunend seht ihr meine Blütenpracht an
Fragt, wie im Schatten das möglich sein kann
Ich sage es euch: Auch im Schatten ist Licht
Wenn man's nur sucht, verzweifelt nicht
Noch immer hat jede stockfinstere Nacht
Ihr eigenes Leuchten hervorgebracht
Macht es wie ich und sehnt euch nach Licht
Lasst eure Liebe und Hoffnung nicht
Wachst auch im Schatten, treibt Blätter und Blüten
Findet das Helle. Um es zu hüten

DAS MÄDCHENAUGE

Coreopsis grandiflora

Wie elend warst du im Topf
Halbtot beim Discounter
Vertrocknet im Neonlicht
Die Blätter verdorrt
Die Stängel geknickt
Fünfzig Cent wollten sie
Da kaufte ich dich
Aus Mitleid

Kaum in der Erde, legtest du los
Als wolltest du alles Versäumte
Auf einmal nachholen
Gegen die Todesangst
Triebst du Blüten um Blüten
Ich sah es mit Freude
Doch ich war sicher
Wer sich derart verausgabt
Kommt nicht durch den Winter

Das sahst du anders
Jedes Jahr neu
Lachen deine Augen
Leuchten deine Sonnen
Die Schönste bist du geworden
In meinem Garten
Einmal befreit
Feierst du allzeit das Leben

KORNBLUMENSOMMER

Cyanus segetum

Es wogen die Ähren
Wie ein Meer
Es wächst das Brot
Von der Wurzel her
Es fällt ein Gruß
Aus des Himmels Höhn
Und wird eine Blume
Blau und schön

Es wächst duftendes Brot
Zwischen Blau und Blau
Es wächst ein Meer
Zwischen Gold und Grau
Reich blühen die Blumen
Erdauf, erdab
Hell fällt die Bläue
Vom Himmel herab

Für alle das Brot
Und für alle das Blau
Dass niemand mehr hungert
Vor Tag und Tau
Dass niemand mehr dürstet
Erdauf, erdab
Und vom Himmel grüßen
Die Lerchen herab

FRAUENMANTEL

Alchemilla mollis

Tropfen auf Mandalaformen
Blätter so rein wie der Mond
Brauchst du mal Schutz, komme zu mir
Denn ich bin Kummer gewohnt
Ich lege dir meinen Mantel
Wärmend und wohlig um
Ich will auch nichts dafür haben
Ich frage auch nicht warum
Du bist ein Mensch und brauchst mich
Das ist mir Grund genug
Weißt du, dass meinen Mantel
Schon die Maria trug?
Tropfen auf Mandalaformen
Schönheit als Trost für dich
Krieche in meine Wärme
Hülle dich ein in mich

DER SCHÖNE LEIN

Linum austriacum

Für immer gelobt soll er sein
Der schöne, der blaue Lein
Sieh ihn nur einmal an
Was er alles kann:
Als Stoff unsre Nacktheit decken
Als Samen das Bauchweh schrecken
Als Blüte das Auge erfreuen
Als Brei unsre Haut erneuen
Als Tee unsren Geist beleben
Als Speise die Schmerzen beheben
Als Öl unsren Körper stärken
Als Pflanze das Zauberwort merken
Das wir sprechen, wenn wir ihn säen
Und selbst doch nicht verstehen
Gelobt, gelobt soll er sein
Der schöne, der blaue Lein!

EIBISCH

Hibiscus syriacus

Der Sommer hat sich schön gemacht
Jetzt ist Hibiskuszeit
Für alle Wanderer durch die Nacht
Öffnen die Knospen sich weit

Haben sich lange schon vorbereitet
Monat um Monat Sonne bekommen
Haben den Nachtigallen gelauscht
Ihre Lieder tief in sich aufgenommen

Nun schließen die großen Kelche sich auf
Duftige Aquarellmalerei
Hast du schon solch eine Anmut gesehen
Schmetterlinge schweben herbei

Elfenspiel um blutrote Mitte
Wunder um Wunder entfaltet sich weit
Schau nur, sie lächeln und warten auf dich
Alles Besondere braucht seine Zeit

KLEINE BRAUNELLE

Prunella vulgaris

Alle Pflanzen waren schon erschaffen
Dennoch schien es Gott, als fehle eine
Eine, die dem Menschen ähnlich wäre
Eine simple Art, doch voller Rätsel

Die recht gnomenhaft und einfach wüchse
Aber gleichwohl große Heilkraft hätte
Dass die Menschen an ihr lernen könnten
Innen steckt, worauf es wirklich ankommt

Und er streute Samen auf die Erde
Dabei dachte er sich solch ein Pflänzchen
Sah es keimen, nannte es Braunelle
Seitdem treibt es, wo sein Same hinfiel

Wächst beharrlich zwischen Gras und Ranken
Wächst bescheiden, bietet seine Hilfe
Allen an, die es zu schätzen wissen
Welch ein Segen, lasst uns dafür danken

DIE ANEMONE

Anemone japonica

Noch Juli und schon
Formt die Herbstanemone
Ihre wattigen Pompons
Diese kuschligen Kugeln
Zum Streicheln und Fingerwärmen
Leichthin verpackte Geschenke
Für Sehnsüchtige

Noch Juli und schon
Bricht Abschied ein
Vom Garten
Vom Grün
Von allem
Abschied
Mitten
Im Sommer

SCHMETTERLINGSFLIEDER

Buddleja davidii

Taumelnde Schmetterlinge
Im schillernden Blauviolett
Gelbe, bunte und weiße
Umschweben sie im Duett

Sommergefliederdolden
Welch eine Farbsymphonie
Welch eine rauschende Fülle
Innigster Harmonie

Hier gibt's genug für alle
Ein großes Sommerbankett
Wie wunderbar könnt unsere Welt sein
Wenn jeder zu essen hätt

SCHNEEWITTCHENROSE

Rosa ‚Schneewittchen'

Das Licht, das Licht!
Wie es am Morgen früh
Die Rose trifft
Und schon erhebt es sie

Das Licht, wie es durchglüht
Der Rose weißes Weiß
Wie sich's versprüht
Auf himmlisches Geheiß

Es legt ein Sonnenstrahl
Sich auf das Blütenblatt
Die Rose öffnet sich
Und trinkt sich satt

Ich weiß, der Rosen Seele
Ist gemacht aus Licht
Wie könnt ich glauben
Meine sei es nicht?

HASENKLEE

Trifolium arvense

Hasenklee, Hasenklee
Deine Blüten tun nicht weh
Dennoch frisst die Kuh sie nicht
Ist es Sattheit? Ist's Verzicht?
Oder ist's ihr sanftes Wesen?
Nichts davon. Die Kuh kann lesen!
Und das Schild bei dir, oh weh
Trägt die Aufschrift HASENKLEE
Darum hält sie sich zurück
Für den Hasen ist das Glück
Wäre KUHKLEE aufgeschrieben
Wäre nichts von dir geblieben …

DIE WEGWARTE

Cichorium intybus

Da wartet wer am Weg
Der kann das Warten gut
Der weiß, die Welt ist weit
Und Zeit ist stets genug
Der wartet einfach ab
Und eilt und hetzt sich nicht
Reiht Tag an Feiertag
Im hellen Sonnenlicht
Taucht seine Blüten still
Ins Himmelblau hinein
Will da sein, duften, will
Sich selbst ein Himmel sein
Und sagt zu mir: Bleib stehn
Öffne die Augen, freu
Dich an der schönen Welt
Lauf nicht an ihr vorbei

GROSSER WIESENKNOPF

Sanguisorba officinalis

Blutrote Köpfe
Sind diese Wiesenknöpfe
Sie scheinen zu fliegen
Sich herrlich zu wiegen
Und trotz ihrer Last
Schweben sie fast
Über dem Gras

Wie leicht das Schwere
Doch manchmal wäre
Wenn wir's nur fliegen ließen
Den Augenblick genießen
Könnten wir dann
Wenigstens ab und an
Geläng uns das

DIE KORNRADE

Agrostemma githago

Kornradenblüten hellviolett, mit weißer Mitte
Hinter den geschlossenen Lidern
Werden wir träumen vom
Gold des Weizens vom
Brotduft, werden hören
Hören im Traum
Das Rauschen
Der Ähren
Später
Der Ähren
Wenn die Erde
Wieder wüst und leer
Und wir wieder glauben
Etwas begriffen zu haben
Träumen werden wir, träumen
Vom Gold des Weizens, vom Farbenspiel
Der Radenblüten hellviolett, schwarz und weiß
Hinter verstummten, leise geschlossenen Lidern

DAS BLAU DER TAGBLUME

Commelina communis

Im Himmelslicht ein Faden Gold
Winzige rosa Vögel, toll von Sonne
Tummeln sich auf der Wäscheleine hinterm Haus
Und singen ihr Zauberlied

Vom Grün des schattigen Mooses singen sie
Vom Lichtblau des Rittersporns
Vom Violett der Schwertlilie
Vom Silberblau der Rosen

Sie verstehen die Sprache
Der Farben, sie haben
Für alle Formen von Blau
Besondere Töne

So klingt die Tagblume bei ihnen
Wie eine Libellenhochzeit
Zart und verwunschen
Ach ihr Vögel, könnt ich

Die Welt in Farben besingen wie ihr
Nie würde Winter
Und alle Blumen dufteten mir
Bis zum jüngsten Tag

August

DIE BRENNNESSEL

Urtica dioica

Auch dir sei Lob gesungen, große Nessel
Du bist nicht sehr beliebt
Doch preise täglich ich den Schöpfer dafür
Dass es dich gibt

Das bunte Pfauenauge und das Füchslein
Den feinen Admiral
Und viele andre Schmetterlinge nährst du
Im Himmelssaal

Nur du reichst diesen Schönsten ihre Speise
Und gäbe es dich nicht
Trotz aller Blumen müssten sie verhungern
Drum lob ich dich

Wir Menschen meiden deine Nesselhaare
Weil sie uns brennen
Verzeih, wie oft verachten wir das Gute
Das wir nicht kennen

BLÜHENDER SALBEI

Salvia officinalis

Mit Menschen zusammengesessen
Der Worte warn viel und laut
Wein getrunken, gegessen
Ratlos ins Leere geschaut

Wohin wird's mich noch treiben
Überall ist es so kalt
Werde immer ein Fremdling bleiben
Sehnsucht wie Stein so alt

Dann ging ich in den Garten
Dort sah mich der Salbei an
Lange. Schon wusste ich wieder
Dass ich bestehen kann

Es gibt einen Ort, zu dem ich
Gehöre, wie ich bin
Das ist der Garten, der Garten
Mit altem Salbei darin

VENUS-FRAUENSPIEGEL

Legousia speculum-veneris

Zärtliche kleine Blume
In deiner Mitte der Stern
Ich sehe dich an und denke
So wäre ich gern

So unerschrocken am Leben
So sehr vom Ganzen ein Stück
So einfach und hingegeben
Dem Augenblick

Ach blühe noch eine Weile
Dass ich dich lernen kann
Und ganz wie du vertraue
Vielleicht irgendwann

COSMEA

Cosmos bipinnatus

Zartfeine Tänzerin
Schwebst über Beete hin
Säuselst mein Herz zur Ruh
Fächelst mir Stille zu
Blüten wie Edelstein
Flüstern so federfein
Ach, welche Leichtigkeit
Wär ich doch erst so weit

BÜSCHELBLUME

Phacelia tanacetifolia

Es lieben dich die Bienen
Es lieben dich die Hummeln
Die sich in deinen Büscheln
Von früh bis abends tummeln

Spirale um Spirale
Entrollst du deine Blüten
Als wolltest du der Sonne
Ihr Lichtgeschenk vergüten

Du schraubst dich aus der Erde
Robust, behaart, verdreht
Ein Kämpfer für das Gute
Ein faires Kraftpaket

Ach, hätten alle Kämpfer
Ein Herz wie du so weit
Wie wäre unsre Erde
Voll Glanz und Freundlichkeit

HAUSWURZ

Sempervivum tectorum

Eine schweigsame Rosette
Sitzt im alten Kohlenkasten
Etwas Sand ist ihre Nahrung
Sie scheint dauerhaft zu fasten

Eingerollt wie eine Glucke
Die auf ihren Küchlein brütet
Hockt sie in der Mittagssonne
Ob sie ein Geheimnis hütet?

Rund, konzentrisch, selbstgenügsam
Hier und da ein neues Blatt
Das ist aber auch schon alles
Was die Wurz zu bieten hat

Schlichtes Laubwerk rings im Kreise
Ach, wie ist sie kümmerlich
Elend ihre Daseinsweise:
Dürftig, mickrig, jämmerlich

Was ist das! Da schiebt ganz langsam
Sich ein kleiner Strahlenkranz
Stumm heraus aus ihrer Mitte
Und wird reine Eleganz!

Fest entschlossen drängt das Wunder
Tag um Tag nun hoch ins Licht
Lässt sich Zeit, grad wie die Mutter
Ich seh zu und fass es nicht

Schließlich öffnet sich die Blüte
Und bringt einen Stern hervor
Welch ein magisch reines Leuchten
Wie ein kleiner Meteor

Silberlicht, aus Nichts geboren
Mit verblasstem Feuerrand
Träume, wart ihr je verloren
Wer birgt euch in seiner Hand?

Hauswurz, stille Blattrosette
Einmal mehr erkenn ich an
Was die Ruhe doch für göttlich
Schöne Blüten treiben kann

DIE FLOCKENBLUME

Centaurea montana

In einem Korb aus blauen Wimpernstrahlen
Glüht so geheimnisvoll ein stilles Feuer
Wie kommt es dort hinein? Ich will's euch sagen
Einst war ein kleines Kind, das ging im Walde
Es wollte Beeren finden, um zu essen
Es war sehr hungrig und es klagte leise
Dass es sein größter Wunsch wär satt zu sein
Da trat ihm eine schöne Fee vor Augen
Die sagt, sie wolle ihm den Wunsch erfüllen
Und ihm sein Leben lang zu essen geben
So dass es nie mehr Hunger leiden müsse
Nur solle es ihr vorher einmal helfen

Sie gab dem Kind ein blaues Weidenkörbchen
In dem ein winzig kleines Feuer brannte
Ein schönes Feuer, zierlich anzuschauen
Dies sei die Liebe, sprach die Fee, es solle
Für sie das Körbchen zu den Menschen bringen
Damit sie sich nicht länger mehr bekriegen
Sondern sich lieben könnten, wie es gut sei
Allein, es müsse einen Menschen finden
Der dieses Feuer nähme und verspräche
Es zu behüten, dass es größer würde
Wenn dies geschähe, wäre es erlöst
Und hätte alle Tage satt zu essen

Das Kind ging los, es trug das blaue Körbchen
Darin das Feuer still und lieblich brannte
Es ging durch Wälder, Felder, Wiesen, Auen
Es ging durch Dörfer und durch große Städte
Es querte Ländergrenzen, Steppen, Wüsten
Inständig suchte es den einen Menschen
Dem es sein Körbchen treulich reichen könnte
Und der versprach, es sorgsam zu behüten
Es fand den Menschen nicht und wurde schwächer
Und hungriger als jemals es gewesen
Und als es allzu müde wurde, legte
Es sich zu Boden, um im Schlafe Trost zu finden

Da kam die Fee und sah das Kindlein schlafen
Es tat ihr leid, sie hatte ein Erbarmen
Ich will dich nähren, sprach sie, meine Bitte
War für ein kleines Kind doch viel zu groß
Sie hob die Hand und legte einen Zauber
Aufs Haupt des Kindes, dass es augenblicklich
Zu einer Blume wurde und die Erde
Ihm fortan immer reichlich Nahrung gäbe
Zu einer Blume, deren blaue Blüte
Ein Körbchen ist, in dem ein rotes Feuer
Bis heute brennt, damit wir's nicht vergessen

DER BEIFUSS

Artemisia vulgaris

Der Beifuß ist ein edler Knabe
Wenn ich ihn nicht im Garten habe
Dann geh ich über Land
Schon hab ich ihn zur Hand

Der Beifuß ist ein sanfter Ritter
Besser als jeder Magenbitter
Noch immer hat er es geschafft
Uns zu erneuern Lust und Kraft

Der Beifuß ist ein Hexenmeister
Denn er vertreibt die bösen Geister
Vertraue ihm, der Hummeln nährt
Wer Hummeln nährt, ist nie verkehrt

Der Beifuß ist ein milder Streiter
Bringt dich auf allen Wegen weiter
Leg nur sein Blatt in deinen Schuh
So hast du vor den Blasen Ruh

Der Beifuß ist ein Göttergatte
Noch jeder, der mal Schmerzen hatte
Hat einen Beifußtee getrunken
Und ist danach in Schlaf gesunken

Der Beifuß ist ein wilder Alter
Ein wahrer Sexappealverwalter
Zwickt es in Knochen oder Zahn
Nimm ihn, gleich hast du voll Elan

Der Beifuß ist ein Erdschamane
Schmeckt er auch nicht wie süße Sahne
Hat er doch alles, was wir brauchen
Es heißt, man kann ihn sogar rauchen

Der Beifuß ist ein Menschenkenner
Er heilt die Frauen wie die Männer
Mit seiner großen Freundlichkeit
Und das seit undenkbarer Zeit

Der Beifuß ist ein Wundermittel
Nur ihm gebührt der Doktortitel
Drum muss er sich auch nicht verstecken
Wächst frech und frei an allen Ecken

Der Beifuß ist ein netter Junge
Er hat die Würze auf der Zunge
Er würzt mir meinen Weihnachtsbraten
Mit ihm muss jede Gans geraten

Der Beifuß ist ein guter Bube
Ich hab ihn gern in meiner Stube
Denn hat etwas nur Hand und Fuß
Wird es genauso, wie es muss

Der Beifuß, der ist schlicht der Renner
Er ist fürwahr ein Alleskönner
Und darum sag ich's noch und noch:
Vivat! Der Beifuß lebe hoch!

GLADIOLENKRAFT

Gladiolus

Gladiolenfeuer brennen im Beet
Glühen weithin, damit ihr versteht
Damit ihr erkennt, dass alle Physik
Nichts ist
Die Schwerkraft erringt nicht den Sieg

Blütenvögel, strahlend und schön
Sitzen am Stängel, es kann gar nicht gehn
Sie müssten stürzen
Sie müssten fallen
Doch sie bleiben aufrecht und leuchten kristallen

Gladiolus, du Rätsel, du Zauberin
Zeig uns deine Stärke auch weiterhin
Du richtest dich auf
Um dich zu verschenken
Wir haben alle mehr Kraft als wir denken

KAPUZINERKRESSE

Tropaeolum majus

Nicht im Mindesten achten
Die Kapuziner
Den Grenzstein
Der Beete
Sie wachsen darüber hinaus
Sie machen sich lustig
Sie lachen mich aus

Was, sagen sie
Ist ein Grenzstein
So etwas taugt höchstens
Für den Kleingeist der Menschen
Wir aber haben
Königinnen zu dienen
Göttern und
Kosmischen Räumen

DIE ACKERWINDE

Convolvulus arvensis

Die unscheinbare Ackerwinde
Gab einst der Teufel seinem Kinde
Nimm dieses Nähgarn, schling es fest
Um Rose, Phlox und Vogelnest
Sprach er, und zieh nur kräftig an
Dass nichts, was lebt, noch atmen kann

Sein Kind sprang los und warf die Schlingen
Den Pflanzen ihren Tod zu bringen
Die Winde wand sich unerkannt
Von Strauch zu Strauch, von Land zu Land
Erst sanft und fein, dann hart wie Stahl
Ins Erdreich drang ihr Wurzelpfahl

So wächst der Hass, wird er entladen
Zuerst scheint er nicht viel zu schaden
Kommt noch recht keck und schwach daher
Doch seine Wurzeln dringen schwer
Und tief in gute Erde ein
Seid auf der Hut! Er bleibt nicht klein!

Die Vielfalt auf dem Lebensbeet
Dem Teufelskraut im Wege steht
Lässt man es blühn aus Toleranz
Vollführt es einen Totentanz
Und macht uns allen den Garaus
Erkennt es früh und reißt es aus!

DILL

Anethum graveolens

Der Dill macht was er will
Streust du den Samen vors Haus
Treibt er hinterm Haus aus
Säst du ihn auf dem Beet
Treibt er dir viel zu spät
Suchst du für ihn
Einen passenden Ort
Wächst er dir sonst wo
Nur nicht dort
So muss man manchen
Wünschen im Leben
Dreifach Arbeit
Und Freiheit geben
Sollen sie wachsen
Und Früchte tragen
Da brauchst du nur
Den Dill zu fragen
Er kennt sich aus
Er heißt eben Dill
Und macht was er will

DIE VERLIEBTE LUZERNE

Medicago sativa

Es hat die Luzerne
Die Hummel geliebt
Und die Hummel
Auch die Luzerne

Mensch ist das schön
Wenn es so etwas gibt
Dass da eine
Die andere gerne

Hat und sie will
Mit Haut und Haar
Am liebsten
Fürs ganze Leben

Da freut man sich doch
Wenn's zusammenpasst
Manchmal
Soll es das geben

ELFENSPIEGEL

Nemesia strumosa

Vorzeiten, als noch die Elfen lebten
Als sie noch die Welt in Wunder webten
War eine bei ihnen, die war sehr schön
Doch hatte noch nie sich selbst gesehn

Die Elfen tanzten den heilsamen Tanz
Nachts unter Tannen, im Mondenglanz
So stärkten sie Tiere, Blumen und Bäume
Und sorgten für friedliche Menschenträume

Sie wollten nichts als den anderen dienen
Die Eine, die Schöne, tanzte mit ihnen
Auf dunkelgrünem, duftendem Moos
Wähnte sie sich in der Erde Schoß

Das ging eine halbe Ewigkeit
Das ging eine gute und lange Zeit
Bis eines Tages mit schrecklichem Ziel
Ein Spiegelsplitter zur Erde fiel

Er fiel vor der Schönen direkt in den Sand
Sie griff danach mit schneeweißer Hand
Sie schaute hinein und wurde gewahr
Wie einzigartig und schön sie war

Verzückt blieb sie stehen, ganz allein
Sie schaute nur noch in den Spiegel hinein
Sie tanzte nicht mehr, sie heilte nicht mehr
Sie vergaß einfach alles um sich her

Die anderen riefen: Komm doch! Wir tanzen!
Doch sie war nicht länger Teil des Ganzen
Sie hatte sich selbst in die Augen gesehen
Da war etwas Seltsames mit ihr geschehen

Sie rührte sich nicht. Sie stand, wo sie stand
Sie sah in den Spiegel unverwandt
Sie war voller Fragen, wollt Antwort finden
Wollt Sinn und Wesen des Daseins ergründen

Da wuchsen aus ihren Füßen sacht
Wurzeln so still und weich wie die Nacht
Aus ihren Händen Blätter wie Licht
Und Blüten aus Spiegel und Angesicht

So wurd sie zur Blume, stumm und schön
Noch heute kannst du sie stehen sehn
Und lauscht du ein Weilchen, nah bei der Kleinen
Hörst du von Weitem die Elfen weinen

DER WIESENSALBEI

Salvia pratensis

Blau ist die Wiese
Vom herrlichen, wilden Salbei
Dunkelstes Blau
Wie aus den Tiefen des Meeres

Als funkelten in ihm
Verwunschene Indigosteine
Ozeanblau will die Blüte
Den endlosen Himmel grüßen

Blau ist die Wiese
Ein Spiegel von Ferne und Nähe
Dehnt sich und weitet
Spielend die Grenzen der Welt

BALLONBLUME

Platycodon grandiflorus

Winzige Heißluftballons
Sind heute bei mir gelandet
Oh, welch ein Zwergenvolk
Ist da im Garten gestrandet?
Wollt es auf Reisen gehen?
Wollt es die Welt erkunden?
Hat es sich schrecklich verflogen?
Nicht mehr nach Hause gefunden?
Magisches Blauviolett
Nun öffnen die Luken sich
Nun schwärmen die Zwerge aus
Wenn ich eine Lupe hätt!
Ich bin zu spät, schon drehen
Sie im Gestrüpp ihre Runden
Und ehe ich mich versehe
Sind sie alle verschwunden
Nur ihr Ballon steht noch da
Und leuchtet so unerklärlich
Wo sind nur all die Zwerge
Sind sie vielleicht gefährlich?
Nie werde ich das Geheimnis
Des blauen Ballons verstehen
Die Zwerge such ich noch immer
Hast du vielleicht einen gesehen?

NACHTNELKE

Silene noctiflora

In den blauen Stunden
Geht die Welt zur Ruh
Alles ist so müde
Schließt die Augen zu

Eine nur will lauschen
In die Ewigkeit
Öffnet erst am Abend
Ihre Augen weit

Dunkle Nelke, ach wie
Duftest du so sacht
Graue Falter schwirren
Um dich jede Nacht

Gute Blume, immer
Hast du mich bewegt
Sei bei mir wenn meine
Letzte Stunde schlägt

STROHBLUMEN

Helichrysum bracteatum

Lichtmusik konserviert
Maisgelb und rot
Sonnenradmandalas
Trotzen dem Tod
Wahren den Sommer auf
Kälte zum Hohn
Wollen uns Tröster sein
Im Vorfeld schon

Strohblumen im Gepäck
Sind wir voll Licht
Winter und Endlichkeit
Schrecken uns nicht
Sammeln das Gute ein
Legens ins Herz
Werden getröstet sein
Mitten im Schmerz

LAMPENPUTZERGRAS

Pennisetum setaceum

Deine wolligen Wedel im Wind
Wie weich sie sind
Im Vorbeigehen streichelst du mich
Reichst mir die Hand und tröstest mich
Mit gräsernen Worten
Die Einsamkeit
Ist für euch Menschen nur kurze Zeit
Bald bist du Erde und Gras wie ich
Und nie mehr einsam
So tröstest du mich

INDIANERNESSEL

Monarda didyma

Blutrote Schreie, federnd durchsonnt
Stolze Männer auf grünen Pferden
Die sich wehren, die siegen werden
Glühende Sonne am Horizont

Generationen voll Schmach und Schande
Erniedrigt, beraubt, verhöhnt und geknechtet
Erhabene Träumer, zu Staub geächtet
Richten sich auf und lösen die Bande

Jetzt ist der Tag, das Unrecht muss schweigen
Ob schwarz oder gelb, ob weiß oder rot
Mensch sind wir alle, bedürftig nach Brot
Und Liebe, die wir einander erzeigen

Uralte Weisheit erhebt ihr Gesicht
Gibt ihre Würde nimmer verloren
Niemand wurde als Knecht geboren
Die rote Nessel ruft es ins Licht

AN DIE GARTENBALSAMINE

Impatiens balsamina

Ach, du verzauberst mich
Wie manche schöne Pflanze
Doch kaum hast du den Kern parat
Gehst du aufs Ganze
Und schleuderst ihn galant
Durch Raum und Zeit
So dass ihn niemand findet
Meterweit!
Du weißt, wie Leben geht
Und Rücksicht kennst du nicht
Nun hab ich es begriffen
Schön ist dein Gesicht
Dein Ziel jedoch
Ein anderes als meines
Drum lass ich dir ein Eckchen, Balsamine
Aber nur ein kleines!

SEIFENKRAUT

Saponaria officinalis

Hellrosa Sterne
Mildester Duft
Wolken aus Licht
In der Sommerluft

Himmelsfarben
Über der Trauer
Innige Zeichen
Von Schönheit und Dauer

Gruß aus der Erde
An jenen Teil
In uns, der ganz ist
Zärtlich und heil

GAUKLERBLUME

Mimulus luteus

Die Gauklerblume kann sich nicht entscheiden
Mal Gelb, mal Rot, sie will auf keins von beiden
Verzichten und so tüpfelt sie die goldne Pracht
Mit roten Pünktchen voll und lacht

Und sie hat recht! Wer sagt, man muss verzichten
Auf Farben, die man liebt, erzählt Geschichten
Wozu wohl sind die Farben uns gegeben?
Zum Jubel und zur Lebensfreude. Eben!

PRACHTSCHARTE

Liatria spicata

Verschwendung ist ihr Markenzeichen
Die Fülle will dein Herz erreichen
Sieh doch, in welcher Üppigkeit
Die Scharte blüht zur Sommerzeit

Sie mahnt, vom Guten nicht zu schweigen
Und unser Schönstes herzuzeigen
Was in uns ist, wird erst zum Glück
Geben wir's an die Welt zurück

GEWÖHNLICHE GOLDRUTE

Solidago virgaurea

Wenn die Goldrute blüht
Wenn ihre wilden Wedel winken
Wenn der Blauhimmel zieht
Wenn meine Augen aus ihm trinken
Wenn Gold und Blau
Sich im Herzen innen vermischen
Ist der Sommer im Lot
Kann der Tod
Mich nicht mehr erwischen

DIE SONNENBRAUT

Helenium autumnale

Eine kleine Dickmadam
Im sonnengelben Kleid
Feiert mitten auf dem Beet
Dass sie jemand freit

Wer ist denn der Glückliche?
Ob sie's mir verrät?
Wann soll denn die Hochzeit sein?
Komme ich zu spät?

Ach, die Bienen plaudern schon
Dass sich jeder freut
Bräut'gam ist die Sonne selbst
Und das Fest ist heut

Schwenkt die Braut den Petticoat
Alle Blumen künden
Hochzeitswünsche, hell und froh
Schön, wenn sich zwei finden!

SCHICKSAL DER PETUNIE

Petunia integrifolia

Wenn die bunten Schnirkelschnecken
Sich im Schutze dunkler Hecken
Suhlen und sich so vor fetten
Igeln, Kröten, Mäusen retten

Wenn die blassen Kinderschnecken
Hungrig ihre Fühler strecken
Wenn sie, fertig mit dem Fasten
Grüne Blätterränder tasten

Wenn sie schmatzen, wenn sie schlecken
Und in allen Ecken stecken
Zum Verzehr der Welt bereit

Dann ist Schneckennachwuchszeit
Dann ist mancher sehr bedroht
Und es dräut Petuniens Tod

MAJORAN

Origanum majorana

Das Liebesglück sollst du verbreiten
In Wurst und Suppe, Soß und Braten
Und wer dich isst, kann auch beizeiten
Die allerschwersten Rätsel raten

Verstand und Liebe zu vereinen
Das ist nicht jedem Kraut gegeben
Du kannst es, und doch will mir scheinen
Du zahlst dafür mit deinem Leben

Dass Herz und Kopf zusammengehen
Das solln wir Menschen trefflich üben
Nicht alles kann der Kopf verstehen
Und mehr als Herz braucht's, um zu lieben

Ach Majoran, du schöne Pflanze
Bei mir sollst du noch lange blühen
Verstand und Liebe zu vereinen
Will ich mich ohne dich bemühen

LIED DER PRACHTSPIERE

Astilbe japonica

Dem Uhrenpendel gleich
Singt mir der Wind Gelassenheit
So rühre ich an die Unendlichkeit
Und werde reich

Was du geruhsam erfasst
Dessen Gewalt ist abgeschworen
Es hat über dich die Macht verloren
Sein Einfluss verblasst

Drum lasse dir Zeit
Nichts auf der Welt kann dich zerstören
Was göttlich in dir, muss dem Ganzen gehören
Und das ist weit

Glaube dem Licht und vertraue den Sternen
Lass dich von ihnen schaukeln und wiegen
Am Ende wird immer die Liebe siegen
Das gilt es zu lernen

ACKERKRATZDISTEL

Cirsium arvense

Eine Ecke
Muss für die Disteln bleiben
Für ihre Kratzbürstigkeit
Für ihre Schlichtheit
Für ihre Zähigkeit
Für ihren Stolz
Eine Ecke
Muss für die Disteln bleiben

Diese verachteten Pflanzen
Mit ihrem weichen Flaum
Ihren leckeren Samen
Ihrer Heilkunst
Eine Ecke
Muss für die Disteln bleiben
Damit sie um mich sind
Eine Ecke im Garten
Und eine in mir
Sie lehren
Alles

ROTE VERBENE

Verbena Hybrida

Rot, Rot, Korallenrot
Auf gründunklem Grund ein täglich Gebot
Zaubermäntel und Feuerzeichen
Wachsen und treiben ohnegleichen
Tiefer und tiefer hinein in den Ton
Erkennen, erahnen, sich selbst zum Lohn
Meine Verehrung, du Große, du Schöne
Setze mein Herz in Brand, rote Verbene!

DAS WEIDENRÖSCHEN

Epilobium angustifolium

Wo kommst du her, du märchenhaftes Wesen
Stehst plötzlich so am Wegrand da
Mit flauschig weißem Kopf, ganz auserlesen
Und zärtlich rosa Blüten. Wunderbar

Wer hat denn deine Samen bei mir ausgestreut?
Warens die Nachtigallen? War's die Meise?
Vielleicht hat's auch den Zaunkönig erfreut
Egal, wem immer du warst gute Speise

Nun bist du da und ich kann dich bestaunen
Die greisenweißen Fäden rühren mich
Sie sehen aus wie wuschelweiche Daunen
Ich streichle sie ganz sacht und freue mich

Du kommst und gehst, ein Hauch, dem Augenblick geliehen
Ein Gruß von irgendwo an irgendwen
Verstreut am Wegrand meines Lebens blühen
Die kleinen Wunder. Ich muss sie nur sehn

DAS PURPURGLÖCKCHEN

Heuchera maxima

Ich stehe still, mach kein Geschrei
Die Welt ist mir ganz einerlei
Doch wenn du einmal traurig bist
Und einen kleinen Trost vermisst
Komm zu mir, komm in meinen Schatten
Dann will ich es dir gern gestatten
An meinen Glöckchen leis zu lauschen
Und mit mir einen Traum zu tauschen

ZYPRESSEN-WOLFSMILCH

Euphorbia cyparissias

Wenn sich die Nacht
Über den Garten rollt
Und die Erde ein Stern wird
Streift die Wolfsmilch
Ihren Namen ab
Gehört keiner Art mehr an
Tropft sich aus, streckt sich
Atmet ihr wirkliches Wesen
Wird eins mit sich
Uns, die wir Worte brauchen
Nicht mehr ergründbar
Ist das Namenlose
Das tiefer geht

MUTTERKRAUT

Tanacetum parthenium

Es haben sich dem Mutterkraut
Schon viele Frauen anvertraut
In höchster Not und Seelenpein
Das Kräutlein ließ sie nie allein

Für jedes Weh, für jedes Leid
Auf Erden steht ein Kraut bereit
Nicht alle Lasten musst du tragen
Dies will das Mutterkraut dir sagen

Nimm deine Trauer an die Hand
Auch sie hat Raum im Mutterland
Dein Wille ist ein hohes Gut
Er trägt dich so weit wie dein Mut

Dein Körper ist dein eigen Haus
Nur du entscheidest, was daraus
Geboren wird und wann und wie
Pass auf dich auf. Vergiss das nie

BLUTWEIDERICH

Lythrum salicaria

Purpurne Pracht, wie herrlich verschwenderisch wiegen
Dreifach verschiedene Blüten in deiner aufrechten Fülle
So viel ist sicher, Gott war ein Kind noch, als er dich schuf

Spielte mit Farben und Formen, mit Wolkenwind, Tönen und Stille
Warf nur so um sich mit Schönheit, kam auf der Wiese zu liegen
Und hörte von Käuzchen und Lerche den sehnenden Frühlingsruf

Schaute den tiefblauen Himmel durch deine Blütenwogen
Und meinte, dass alles recht gut war, was er gemacht

Sah, wie die Schmetterlinge an deinen Kelchen sogen
Und segnete dich für immer, du purpurne Pracht

DIE GOLDGARBE

Achillea filipendulina

Goldene Schirme schwingen
Goldene Blüten singen
Garben aus Gold sind rund
Gold fällt vom Himmel nieder
Golden schweben die Lieder
Über dem finsteren Grund

Drum gib dich niemals verloren
Immer wird Licht geboren
Licht, das dich hält
Wie dunkel auch deine Stunde
Du lebst. Du gehst nicht zugrunde
Innen leuchtet die Welt

WEGERICH

Plantago major

Ich bin der breite Wegerich
Bin gern im Weg und lege mich
Deinen absurden Zielen quer
Lasse dich stolpern, bis du nicht mehr
Weißt was du wolltest, weißt was du solltest
Dich neu musst besinnen, von vorn musst beginnen
Und das immer wieder. Halt an, leg dich nieder
Nahe zu mir und lausche nach dir
Und dann werde still
Und leise wie ich
Und frag
Was du wirklich willst
Finde dich

DIE SCHMUCKLILIE

Agapanthus praecox

Königin Lilie, wie leuchtet
Erhaben dein blaues Gefieder
Du bist wahrhaftig von Adel
Und wie die Erbsenprinzessin
Auch von besonderem Anspruch
Wer dich beherbergen möchte
Der muss sich kümmern, nie würdest
Du mit profaneren Blumen
Einfach im Garten herumstehn
Du möchtest eigene Töpfe
Du möchtest Königindünger
Du möchtest Winterquartiere
Du möchtest Windschutz und Sonne
Du möchtest Hege und Pflege
Du möchtest Zuspruch und Obhut
Du möchtest Diener und Schmeichler
Ach, meine Schöne, ich glaube
Seit ich dich näher kenne
Lieb ich das Gänseblümchen

WILDE MÖHRE

Daucus carota

Wildling, wie schön
Der Korb deiner Blüten auch sei
Deine Wurzel ist schöner
Stillt sie doch unseren Hunger
Mit Saft und Kraft aus der Erde
Und nährt unsren Körper

Lange schon bist du
Uns Menschen so hold und dennoch
Bescheiden und einfach geblieben
Du gute, freundliche Pflanze
Erinnere uns, dass auch wir
Wurzeln müssen im Dunkeln

Nicht nur die Blüten
Die Schönheit und reine Helle
Machen ein Leben aus
Erst in den Tiefen
Wird es vom Wasser des Lebens
Genährt und erfüllt

September

LOB DER GLOCKENREBE

Cobaea scandens

Ihre Winden umschlingen die Rosen
Mit weichem, betörendem Grün
Wie sie Wein und Hibiskus liebkosen
Blättergirlanden ziehn
Kreuz und quer durch den Garten
Verbinden die Pflanzen, erbarmen
Sich ihrer herbstlichen Blöße
Als wollten sie alle umarmen

Als wolln sie sich widersetzen
Der Kälte, dem Abschied, dem Tod
Einmal noch sich ergötzen
Bevor das Ende droht
Tiefviolette Glocken
Schaun so geheimnisvoll aus
Jubilieren, erinnern, verlocken
Begleiten den Sommer nach Haus

DAS SONNENAUGE

Heliopsis helianthoides

Ach, hätte die Sonne Augen
Und sähe mich an
Dann wärmte sie ganz bis innen
Mich durch irgendwann

Dann füllte sie mit ihrem Lichte
Mich auf bis zum Grund
Dann würden mir Körper und Seele
Satt und gesund

Dann heilte sie in meinem Innern
Mit ihrem Blick
Alle Kämpfe, alle Tränen
Und jegliches Missgeschick

Und nie mehr müsste ich frieren
Lieben könnte ich dann
Ach, nichts und niemanden fürchtete ich
Sähe die Sonne mich an

LEBERBALSAM

Ageratum houstonianum

Als wäre der Sommerhimmel
Noch einmal zurückgekehrt
Duftender Teppich, bedeckt er
Die Beete so unerhört

Lavendelflauschige Blüten
Azuren im satten Grün
Samtene, braune Hummeln
Umschweben, umtanzen ihn

Als wäre aller Abschied
Nur Täuschung für kurze Zeit
Noch blüht für uns der Himmel
Noch ist es nicht soweit

Noch können wir sämtliche Düfte
Verschwenderisch in uns füllen
Noch können wir uns in die feinsten
Farben und Formen hüllen

Und wenn sie einst vergehen
Blühen wir innen fort
Innen, wo es sich sammelt
Wo alles bleibt. Als Wort

PURPUR-WITWENBLUME

Knautia macedonica

Rot ist die Liebe
Blutrot die Trauer
Nichts hält uns immer
Nichts ist von Dauer
Nur heute können
Wir uns umarmen
Morgen zerfällst du
Der Rest ist Erbarmen
Blume der Liebe
Blume der Trauer
Nichts hält uns immer
Nichts ist von Dauer

SOMMERASTERN

Callistephus chinensis

Jubel, übergeflossen
Farbe, in Form gegossen
Schönheit, zum Leben erwacht

Schillernde Blütentänze
Fröhliche Asternkränze
Anmut vollkommener Pracht

Lasst uns die Freude wagen
Sie nur vermag uns zu tragen
Über den Abgrund der Nacht

DIE OCHSENZUNGE

Anchusa azurea

Es rauscht in meinem Garten
Ein blaues Meer
Es blüht die Ochsenzunge
Vom Norden her
Sie lieh sich ihre Farbe
Vom Ozean
Wie eine sanfte Welle
Rollt sie heran

Es treiben blaue Schleier
Zum Horizont
Wie Sand und Möwenschreie
Sind sie durchsonnt
Ich tauche in die Bläue
Und sink hinab
Sacht wiegen mich die Wellen
Mal auf mal ab

Ich schwimme durch die himmlische
Farbenflut
Das Meer aus dem wir kamen
Ist alt und gut
Es nimmt zu sich das Dunkel
Und macht es leicht
Am Ende hat noch alles
Den Grund erreicht

Mit Muschelkalk und Steinen
Bin ich verwandt
Der Wind singt Liebeslieder
Vom festen Land
Mein Garten wird ein schönes
Ein weites Meer
Und leuchtet sehr verwunschen
Vom Norden her

ODERMENNIG

Agrimonia eupatoria

Wer weht dort im Wind?
Ein Sonnenkind
Mit turmhohem Gipfel
Und goldenem Zipfel

Wer tanzt dort im Licht?
Ein Leichtgewicht
Das will uns verführen
Zum Lebenslustspüren

Wer reckt seinen Helm?
Ein Wiesenschelm
Mit gelben Manschetten
Auf grünen Rosetten

HORNKLEE

Lotus corniculatus

Hornklee, simpel und seidig
Am Rande des Weges
Kunstwerk aus Licht und Moment

Blaugrüne Blätter umranden
Goldgelb quirlige Blüten
Vielfarbig schimmert das Leben

Was gilt, ist der einzelne Tag
Schon huschen die Hasen heran
Und verspeisen den Sommer

DIE ZAUNRÜBE

Bryonia dioica

Die Rübe wächst am Gartenzaun
Ich kann beim Wachsen ihr zuschaun
Noch gestern war sie winzig klein
Ich dachte noch: Wie durchaus fein
Doch heute schon packt mich Entsetzen
Ich sehe sie die Ranken wetzen
Sie wächst wie eine Monsterwelle
Weg ist der Zaun, an seiner Stelle
Erscheinen hunderttausend Blüten
Wer soll denn nun mein Land behüten
Es wächst ein Berg aus Rübenblättern
Gewaltig trotzt er allen Wettern
Ob Sonne oder Hagelsturm
Der Zaun ist dicht, da passt kein Wurm
Und auch kein Mensch mehr durch die Lücke
Die Rübe wächst mit Kraft und Tücke
Soll denn mein Grundstück ganz verschwinden
Dann wird kein Mensch mich wiederfinden
Es werden Freunde nach mir suchen
Sie werden diesen Wald verfluchen
Der dort, wo früher mal mein Garten
Gewesen, sich in ganz aparten
Und wilden Himmelssäulen hebt
Und urwaldmäßig höher strebt

Und immer höher, immer kesser
Sie werden sagen, es sei besser
Mein seltsam plötzliches Entschwinden
Nicht weiter merkwürdig zu finden
Wer Verse schreibt, sei ohnehin
Ein Mensch ohn jeden Zweck und Sinn
Dann wird die Rübe sie vertreiben
Nichts wird vom Garten übrigbleiben
Oh, der Gedanke macht mich trübe
Es wächst an meinem Zaun die Rübe

TAUSENDGÜLDENKRAUT

Centaurium erythraea

Da auf dieser schönen Welt
Gold alleine gar nichts nützt
Und uns weder Gut noch Geld
Vor dem letzten Ende schützt
Wofür braucht man tausend Gulden
Hat man nur dies kleine Kraut
Kann der Tod im Schuppen warten
Bis ihm vor ihm selber graut

WELKENDE TAGLILIEN

Hemerocallis lilioasphodelus

Hummeln in der Zucchiniblüte
Wespen an reifen Aprikosen
Mücken über der Regentonne
Erste Spitzen der Herbstzeitlosen

Der Sommer gräbt sich in jede Pore
Rosenduft raubt mir die letzten Sinne
Doch schon werden silberne Fäden gewebt
Genieße den Tag! Mahnt mich die Spinne

Bald ist das herrliche Leuchten vorbei
Bald welken sie alle, ich kenne den Schmerz
Bald macht der Herbst deine Lilien zu Heu
Trinke die Schönheit, fülle dein Herz

SEPTEMBER-PHLOX

Phlox paniculata

Der Phlox mit seiner Flammenkraft
Hat sich noch einmal aufgerafft
Zum zweiten Flor, und feiner denn je
Tut seine Schönheit dem Herzen weh

Durchscheinende Farben wie Aquarelle
Schmelzende Schatten in inniger Helle
Blüte um Blüte öffnet sich still
Als ob sie den Winter beschwören will

Fast reißt sie mich mit, noch einmal Licht
Noch einmal Sommer, der nie gebricht
Noch einmal Kind sein in seidiger Luft
Noch einmal Süße, berauschender Duft

Doch alles ist nur ein letztes Bemühn
Schon seh ich die Vögel südwärts ziehn
Schon gilben die Blätter, schon leert sich das Glas
Schon neigt sich das Leben, schon zittert das Gras

DIE SILBERDISTEL

Carlina acaulis

Eng bestachelt, wild bezackte
Diamantenblüte
Gut geschützte, wohl bewehrte
Innigliche Güte
Schmetterlings- und Faltertrost
Hummelnahrung, Bienenkost

Gibt sich ganz, doch nur den Feinen
Die sie achten, die sie meinen
Die das Beste an ihr schützen
Sie behüten und ihr nützen
Paradies mit scharfem Schwert
Was uns wohl die Distel lehrt?

KLEINER PIPPAU

Crepis capillaris

Haben wir Menschen jemals das Ganze gewusst
Und gebärden uns gleichwohl
Als wären wir mächtig

Seht nur den Pippau
Wie klein und gering er dort steht
Und ist doch zufrieden, weil Teil des Ganzen er ist

EHRENPREIS

Veronika persica

Ruhm und Ehre zu erlangen
Mühen sich die Menschen viel
Stemmen manches Unterfangen
Kommen dennoch nie ans Ziel

Ruhm und Ehre, flücht'ge Güter
Löschen nicht die Sehnsucht aus
Stillen nicht den großen Hunger
Bringen nicht nach Haus

Such zu gründen dich im Wahren
Dem, was unzerstörbar ist
Bist du hier doch nur im Traume
Und für kurze Frist

STRAHLENASTER

Erigeron speciosus

Ein Lichtermandala
Ein Kranz aus Sonnenstrahlen
Die heut Vollkommenheit
In meine Beete malen

Ein blaues Gleichgewicht
Vom Paradies zurück
Ein Schöpfungsüberfluss
Ein kleines Stück vom Glück

KLEINBLÜTIGES SPRINGKRAUT

Impatiens parviflora

Kleines Springkraut
Du Sieger im Samenweitwurf
Freude der Kinder
Auf Waldspaziergängen
Ich lese, du seist ein Neubürger
Du kämest ursprünglich
Aus Asien
Und frage mich, warum Pflanzen
Die vor einigen hundert Jahren
Zu uns kamen
Noch immer Neubürger genannt werden

Kleines Springkraut
Du lachender Waldhüpfer
Dauerblüher des Sommers
Ich lese, dass in den dreißiger
Jahren des letzten Jahrhunderts
Zahlreiche Gruppen
Der Hitlerjugend
In die Wälder geschickt wurden
Um dich durch Ausreißen samt Wurzel
Vollständig auszurotten
Dies gelang ihnen nicht

Kleines Springkraut
Du purer Lebenshunger
Du Versteckspieler
Du empfindliche Blume
Mit den herrlich zitronigen Blüten
Deren Inneres aussieht
Wie eine gemütliche Stube
Mit Hängelampe und Kanapee
Und deren Öffnung
Ein einladender Eingang
Für alle ist

Lustiges Springkraut
Du hast das Böse ausgetrickst
Seine Gewalt überstanden
Bist weitergewachsen
Bist immer noch da
Für die Hummeln
Und die Bienen
Und die Kinder
Du hast gegen den Hass
Einen Weg gefunden
Verrätst du ihn uns?

BLAUER EISENHUT

Aconitum napellus

Magischer Eisenhut
Nachtblauer Helm mit der Lanze
Schmeichelnd verlockst du mich
Forderst mich auf zum Tanze

Schöner Verführer, du
Hast meine Sehnsucht gesehen
Flüsterst mir Liebe zu
Heut will ich dir widerstehen

Wehmütig ist dein Blau
Wie ferne, dunkle Gesänge
Wie helle Sirenenmusik
Wie Sternenklänge

Wenn meine Zeit herum
Magst du zum Tanze mich leiten
Dann sollst zum Himmelstor
Du als mein Prinz mich begleiten

FÄRBERKAMILLE

Anthemis tinctoria

Welch ein Gelb!
Als hätte alles
Licht sich darin aufgespart
Und sich pure Lebensfreude
Mit dem Sonnengold gepaart

Welch ein Gelb!
Die Blütenstrahlen
Sind ja selbst wie lauter Sonnen
Wolln des Lebens Schönheit malen
Seine Wildheit, seine Wonnen

Welch ein Gelb!
Kein Maler könnte
Solch ein Glühen fabrizieren
Sieh dir diese Freude an
Lass zum Leuchten dich verführen

DIE GIFTBEERE

Nicandra physaloides

Schwarz ist das Blatt
Und lilablau die noble Blüte
Doch wenn die Beere reift
Hilft nur noch Gottes Güte

Das Böse wird nicht gut
Zeigt es sich noch so fein
Da hilft nur Augenmerk
Und wachsam sein

Wie magisch doch
Ein Gift sich manchmal kleidet
Klug ist, wer es erkennt
Und tunlichst meidet

DER SONNENHUT

Rudbekia fulgida

Sonnenschein satt bis zum Rand
Fortgesetzt eingefangen
Auf durchgewärmtem Land
Siesta begangen

Von allem die Freude gewählt
Ihren Reichtum ermessen
Die helleren Tage gezählt
Die dunklen vergessen

Genug gelacht und geweint
Das Herz zu weiten
Viel Licht untern Hut gesteckt
Für schlechte Zeiten

FLOH-KNÖTERICH

Persicaria maculosa

Welch lustiges Kraut
Geknickt und gescheckt
Welch winzige Knospen
Ins Erdreich gesteckt

Ein feuriges Glühen
Auf kleinstem Raum
Darunter die Tupfer
Man sieht sie kaum

Gesprenkelte Punkte
Auf grünem Blatt
Wie uralte Münzen
Dunkel und matt

Entdeckst du den Floh
Auf diesen Dukaten
Dann hast du des Lebens
Rätsel erraten

Dann hast du es drauf
Dann kannst du's uns zeigen
Falls du es nicht vorziehst
Zu schweigen

SCHWARZER NACHTSCHATTEN

Solanum nigrum

Schwarz ist der Schatten in schwarzer Nacht
Wenn die dunkle Beere zum Leben erwacht
Schon rollt sie los, scheinbar dürftig und klein
Und sammelt viel schreckliche Träume ein

Presst sie zu Samen im tiefen Schlund
Vorsicht! Steck sie dir nicht in den Mund!
Dreifache Schwärze in einem Namen
Schon finstere Taten aus Träumen kamen

Träume von Rache und von Gewalt
Sind wie der Menschen Versagen alt
Siegesträume und Träume von Macht
Geistern noch heute durch manche Nacht

Täuscht dich mit Schönheit auch ihre Blüte
Vor ihren Früchten dich tunlichst hüte
Sieh dich vor, meide das Todeskraut
Übel ist dran, wer dem Bösen vertraut

RAT DES GAUCHHEILS

Anagallis arvensis

Erinnere dich, Kuckuck, Gauch, Verrückter
Dass die Erde dich wollte
Wie du bist
Genau so
Lasse dir nichts erzählen von Heilung
Nichts vom Falschsein, nichts von der Norm
Du bist richtig
Wir brauchen dich
In unserer allzu vernünftigen Welt

Erinnere dich, Träumer, deiner uralten Bilder
Erinnere dich, Spinner, deiner ersten Freude
Erinnere dich, Phantast, deiner großen Vision

Lasse dich nicht demütigen
Von niemandem
Die sich gesund nennen
Sind längst am Ende
Du bist richtig
Wir brauchen dich
Wir brauchen einen
Der hinüberspringt
Ans Ufer der Möglichkeiten

HOLUNDER

Sambucus nigra

Gestern die Erdbeerblüte
Morgen Hibiskusluft
Selig geh ich durch den Garten
Atme den Sommerduft

Gestern die große Liebe
Heute das große Allein
Gläsern werden die Träume
Endlos erschöpft schlaf ich ein

Heute das ganze Leben
Morgen das Herz so voll
Übermorgen die Ernte
Wüsste ich nur, was ich soll

Ich fülle den Herbst in Flaschen
Heißer Holundersaft
Damit gelingt mir der Winter
Im schwärzesten Schwarz schläft die Kraft

Die Kraft aus vorigen Zeiten
Als unter dem Hollerstrauch
Die Göttin noch saß und strickte
Vor sich Feuer und Rauch

Und jeder, der litt, konnte kommen
Und ihr seine Schmerzen hintragen
Sie hat sie alle genommen
Und unter den Wurzeln vergraben

Vom Hollerstrauch, dem schönen
Mit seinem knorrigen Holz
Mit seinen Knochenästen
Mit seinem sperrigen Stolz

Frau Holle ist lange verschwunden
Und doch ist sie immer noch da
Wenn ich ihre Beeren pflücke
Dann steht sie mir nah bei nah

Gestern noch alles erwartet
Heute der Augenblick
Morgen der Flug durch den Nebel
Ich nehme nichts zurück

Wieder trägt der Holunder
Beeren so schwarz und schön
Das ganze Leben ein Wunder
Wenn wir es dankbar besehn

LÖWENZAHN
Taraxacum officinale

Löwen liegen auf der Wiese
Dösen in der Mittagssonne
Zeigen ihre wilde Mähne
Werden Kranz und Kinderwonne

Löwen färben meine Wiese
Heut ganz gelb und selbstvergessen
Zeigen ihre grünen Zähne
Was sie wohl am liebsten fressen?

Plötzlich sind sie weiß geworden
Sind sie Zaubrer, gar Erfinder?
Ach, da fliegen sie ins Weite
Das gibt viele Löwenkinder!

ZINNIEN

Zinnia angustifolia

Die kleinen Zinnien in ihren Rüschenröckchen
Die warten immer so
Sie stehen da, so gänzlich brav und still
Mit viel Geduld und mit noch mehr Gefühl
Sie stehen still, ganz wie es sich gehört
Und passen auf, dass das auch niemand stört
Sie ordnen ihre Biedermeierröckchen
Und ihre passend rosa Rüschensöckchen
Und stehen immer noch und stehn und stehn
Und lächeln mild, wenn wir sie stehen sehn
Als sollte einer kommen, sie erlösen
Von aller Einsamkeit und allem Bösen
Erretten und geheimste Wünsche spüren
Und sie endgültig zur Bestimmung führen
Befrein von jedem Übel, dass sie sehr bedrängt
Es ist, als ob's an dem, auf den sie warten, hängt
Ob er die Macht hat, ihrem Warteleben
Dann letzten Endes doch noch Sinn zu geben
So stehen sie und warten früh bis spät
Die Ärmsten, auf dem kahlen, kalten Beet
Und warten noch, derweil der Herbst verweht
Die Rose fällt und auch die Akeley
Und langsam zieht das ganze Jahr vorbei …
Die Zinnien aber stehen da wie ausgestanzt
Ach! Hätten sie geliebt, geküsst, getanzt!

DIE RAUKE

Diplotaxis tenuifolia

Stark ist die Rauke, hat sie nur
Sonne und Regen
Hält nichts mehr sie auf, dann wächst sie
Derb und verwegen

Schön ist die Rauke, sie streckt sich
Zum Lichte hinauf
Diesem verwandt, vertraut sie
Dem Sonnenlauf

Scharf ist die Rauke, sie will dir
Die Sinne wecken
Dass dich die Schärfe des Lebens
Nie mehr kann schrecken

Frech ist die Rauke, sie nimmt sich
Was sie begehrt
Zu wissen, was man so braucht
Ist nie verkehrt

Wild ist die Rauke, sie lässt sich
Nicht zügeln noch zähmen
Mach es wie sie, lebe wild
Höre auf, dich zu schämen

FRAUENFLACHS

Linaria vulgaris

Gelb leuchten die Wiesen
Vom Flachs der Frauen
Gelb öffnen sich Blüten
Ins Weite zu schauen
Gelb spiegelt die Sonne
Sich in ihrem Lachen
Gelb wollte die Göttin
Uns Frauen machen
Auch wir sollen leuchten
Stolz und verwegen
Damit unsre besten
Kräfte sich regen
Damit wir endlich
Uns selbst vertrauen
Gelb leuchten die Wiesen
Vom Flachs der Frauen

DER JUDAS-SILBERLING

Lunaria annua

Die Silberlinge in Judas Hand
Haben ihm bald die Finger verbrannt
Wohin nur, wohin nur, überall Licht ...
Im Mantel verbarg er sein nasses Gesicht

Die Sonne ging unter, da hat er gewusst
Was ist schon Geld gegen diesen Verlust
Den er liebte, den hat er für immer verloren
Gebrochen die Treue, die er geschworen

Ach Judas, was du erfahren hast
Kennen wir alle, schwer ist die Last
Und niemand sag, er hätt anders entschieden
Leicht sind Worte in Sattheit und Frieden

Nie ist unsre Liebe groß genug
Wie schnell geht sie unter in Angst und Betrug
In Gier und Verführung, in Sorge und Nacht
Wir hätten's vielleicht wie du gemacht

Seh ich des Silbers mondenen Schein
Fällt er mir plötzlich und schmerzhaft ein
Judas, der küsste für einen Lohn
Wären wir besser? Was wissen wir schon

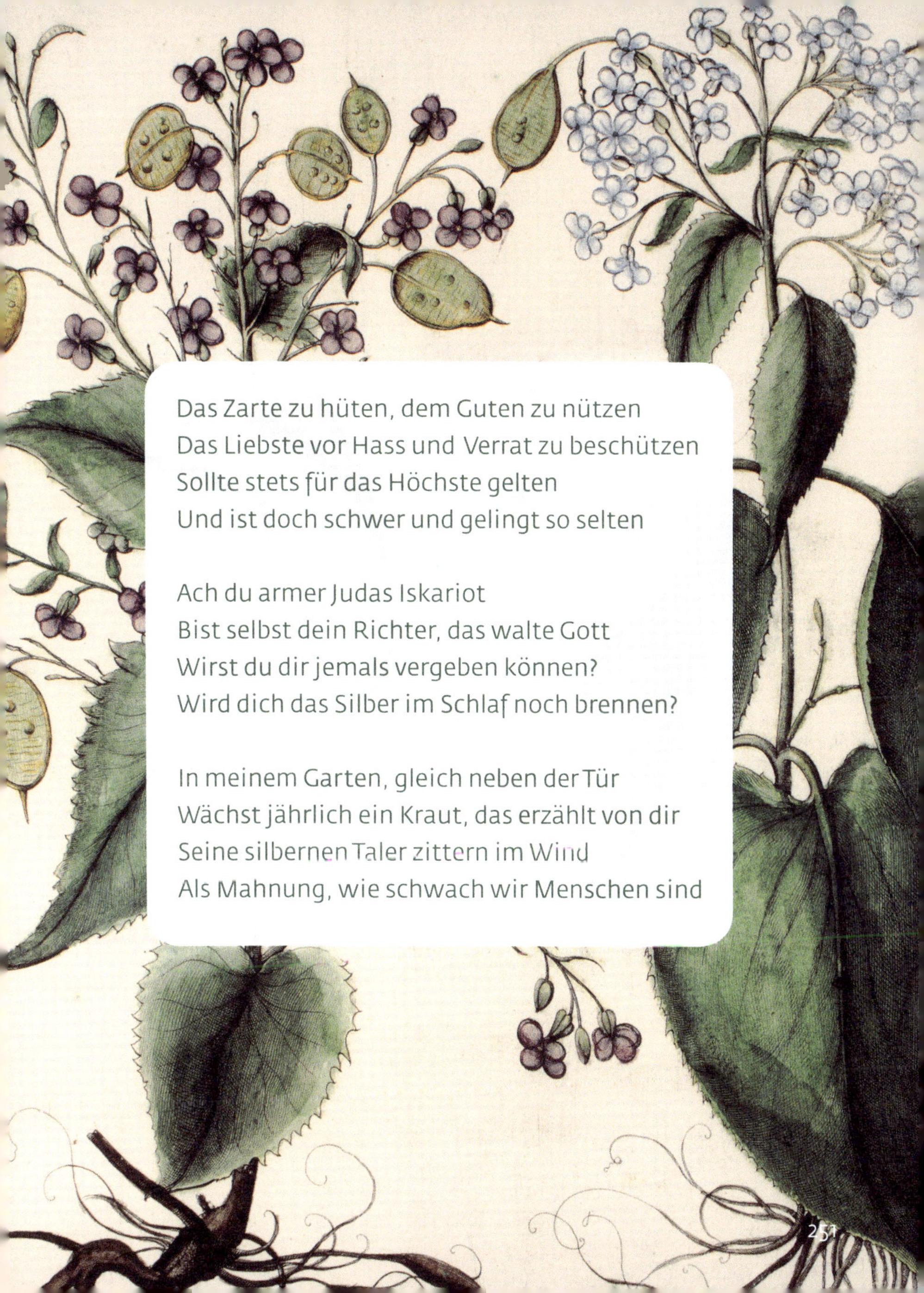

Das Zarte zu hüten, dem Guten zu nützen
Das Liebste vor Hass und Verrat zu beschützen
Sollte stets für das Höchste gelten
Und ist doch schwer und gelingt so selten

Ach du armer Judas Iskariot
Bist selbst dein Richter, das walte Gott
Wirst du dir jemals vergeben können?
Wird dich das Silber im Schlaf noch brennen?

In meinem Garten, gleich neben der Tür
Wächst jährlich ein Kraut, das erzählt von dir
Seine silbernen Taler zittern im Wind
Als Mahnung, wie schwach wir Menschen sind

MONTBRETIE

Crocosmia crocosmiiflora

Die Montbretie und ich
Hatten heute
Ein ernstes Gespräch
Ihre Bedürfnisse und meine
Zuwendung betreffend

Sie vertrat sich selbst
War Geschädigte
Kläger und Richter
In einem und ließ
Keine Ausrede gelten

Gott saß zwischen
Zwei Grashalmen
Er war als Zeuge geladen
Das nützte mir aber nichts
Das Urteil wird morgen verkündet

TAUBENKROPF-LEIMKRAUT

Silene vulgaris

Manch einer bläst sich mächtig auf
So glaubt er mehr zu gelten
Jedoch bedenke: Innen ist er hohl
Was ihn so groß macht?
Pure Luft
Mehr ist es selten

DIE PUSTEBLUME

Taraxacum officinale

Vielleicht wirst du nicht landen
Kleiner Fallschirmspringer
Vielleicht keine Erde finden
Für deine Würzelchen
Vielleicht zertreten werden
Vor der ersten Blüte
Vielleicht ausgestochen
Von unkrauthassenden Gärtnern
Vielleicht gefressen werden
Von hungrigen Tieren
Vielleicht vielleicht vielleicht

All dies bedenkend
Würdest du niemals fliegen
So wie wir

Du aber fliegst
Und landest
Und blühst

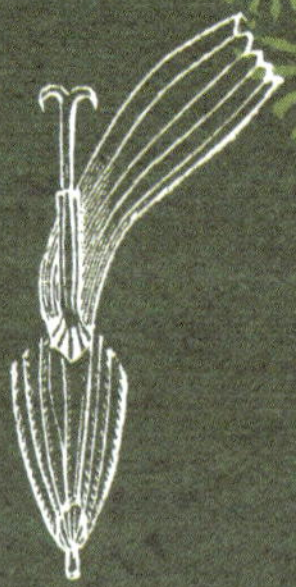

SPÄTE MALVENBLÜTE

Malva sylvestris

Die ersten Blätter fallen in den See
Noch ist es Sommer
Noch
Sie fallen leis wie früher Schnee

Die ersten Vögel sammeln sich zum Flug
Noch blühn die Malven
Doch
Sie blühen anders unterm Vogelzug

Ich lege meine Hand in deine Hand
Noch glüht das Leben
Noch
Was bin ich froh, dass ich dich fand

Oktober

STEINQUENDEL

Calamintha nepetoides

Nie können wir wie diese Blume sein
So klein und leicht, dem Himmel hingegeben
So still versunken in das kurze Leben
So dankbar für ein bisschen Sonnenschein

Ach, es gelingt uns nicht
Wir jagen nach dem Glück
Kaum sind wir einmal einverstanden
Mit dem Augenblick

Doch schauen wir die Calamintha an
Und lassen uns von ihrer Zartheit rühren
In aller Ruh

Vielleicht, das wäre schön
Sieht sie uns auch
Und nickt uns zu

DIE RINGELBLUME

Calendula officinalis

Ich hab mir zum Leuchten
Ein Feuer besorgt
Ich hab mein Orange
Von der Sonne geborgt

Ich zeige mich gern
Und ich schäme mich nicht
Wo immer ich kann
Tauch ich alles in Licht

Und packt mich der Sturm
Und zaust mich der Wind
So bleibe ich trotzdem
Ein Sonnenkind

Ich brenne den Tag
Ich verzaubre die Nacht
Auch du sollst leuchten
Gib auf dich acht

Verschenke dein Herz
Halt es offen und weich
Verschenk was du hast
Nur so wirst du reich

DAHLIEN

Dahlia

Welch ein Morgen
Lauter Himmelssterne
Sind heute Nacht im Garten gelandet
Samtene Dahlien
Karmesinrot
Geheimnisvoll leuchtend
Begrüßen sie mich
Zwischen Weißkohl und Gurken
Ich habe es immer gewusst
Gott ist ein Kind

ACKERSENF

Sinapis arvensis

Fällt ein Senfkorn zur Erde
Schutzlos und klein
Ist ihm ob es stürbe
So nackt und allein

Fällt tief es ins Dunkel
Lässt alles los
Liegt hilflos der Erde
Im finsteren Schoß

Vergisst, was es wollte
Weiß nicht, wer es war
Verwandelt sich mählich
Über das Jahr

Treibt langsam ein Keimling
Aus ihm hervor
Und wie im Traum wächst es
Zum Licht empor

Verzag nicht im Schmerz
Noch hat alles, was fällt
Sich erneut und verwandelt
Grün wird die Welt

DIE PRACHTKERZE

Gaura lindheimerii

Wer sagt, dass Blumen nicht fliegen können?
Der soll uns nur einmal beim Namen nennen
Viel Tausend Blütenschmetterlinge
Tanzen gen Himmel an langer Schwinge
Taumeln empor und schweben nieder
Lieblich und zierlich wie Elfengefieder

Wir haben Flügel und Körper aus Licht
Dass wir auch wurzeln, fällt nicht ins Gewicht
Wir lieben die zärtliche Leichtigkeit
Aus Himmelsfarben ist unser Kleid
Euch allen wolln unsre Blüten wir gönnen
Wer sagt, dass Blumen nicht fliegen können?

DIE HERBSTZEITLOSE

Colchicum autumnale

Du bleiche Prinzessin
Im herbstlichen Beet
Sag, kommst du zu früh
Oder kommst du zu spät
Sag, bringst du den Hunger
Oder das Brot
Sag, bringst du die Freude
Oder den Tod
Du stehst da so blässlich
So weich und zart
Du scheinst wie ein Schemen
Auf andere Art
Wie jemand, der wartet
Aufs Zauberwort
Der Herbst ist dein Prinz
Bald holt er dich fort

DIE SONNENBLUME

Helianthus annuus

Die Sonnenblume bewacht das Haus
Ruhig steht sie, stolz sieht sie aus
Murmelt im Garten ihr Göttinnenlied
Murmelt und achtet, dass nichts geschieht

Magischer Schutz aus den Tiefen der Erde
Worte und Lieder, grüne Gebärde
Blätter, um sich darin zu verstecken
Blüten, um Kriege zuzudecken

Du große Blume, so stark und schön
Ach wachse fort, wenn wir alle vergehn
So kann uns niemand das Haus zerstören
Wir dürfen uns bleiben und angehören

Erinnerungen auf Steinen und Schwelle
Bilder und Worte, dunkle und helle
Die Göttin der Blumen wiegt sich im Wind
Ich schau zu ihr auf und bin wieder Kind

Ich lege mich nieder, ich sehe hinaus
Beschützt ist, was war, bewahrt ist das Haus
Die Lieder gelernt, die Fenster zerbrochen
Das Herz eingepflanzt, der Segen gesprochen

BERG-ASTERN

Aster amellus

Die Asternkränze tiefviolett
Öffnen sich alle zugleich
In ihrem Innern gelten
Andere Gesetze

Sternengesetze
Entworfen in Jahrmillionen
Nach dem Klang
Der Geometrie

Jede Blüte
Komprimierte Erinnerung
Diskretes Verschweigen
Wehrlose Vollendung

Es ist Herbst
Zeit, sich an das Wenige
Zu halten
Das alles ist

STACHLIGER HOHLZAHN

Galeopsis tetrahit

Stachliger Hohlzahn
Schüttle die Mähne!
Mach deinen Mund auf
Zeig mir die Zähne!

Wehrhaftes Pflänzchen
Überall stecken
Borstige Spitzen
Wen willst du erschrecken?

Mancher, der Liebe
Nicht zeigen kann
Stellt sich ja besonders
Stachelig an …

GELBER LERCHENSPORN

Pseudofumaria lutea

Welch eine Farbe! Leuchtende Trauben
Auf äußerst fragilen Blättergestalten
Welch eine Fülle! So will sich das Leben
Am Ende des Jahres noch einmal entfalten

Als hätte ein Maler sein Gelb verschleudert
Die ganze Palette von hell bis dunkel
Zitronengelb, Quittegelb, Eigelb und Golden
Welch ein ergreifendes Lichtgefunkel

Der Lerchensporn blüht, da lächelt die Seele
Wie finster sich auch unsre Tage gebärden
Die Sonne, gefangen im Allerkleinsten
Tröstet und lässt uns zu Hoffenden werden

DUFT-SKABIOSE

Scabiosa canescens

Ach du feines, zartes Skabiosenkind
Wie duftest du schön, wie fabelhaft sind
Deine lustigen, kugligen Puschelköpfchen
Du genügsames, fröhliches Herbstgeschöpfchen

Du kommst mir vor wie aus anderer Zeit
In deinem hellila Perlonkleid
Einer Zeit, in der niemand sich anstrengen muss
Einer Zeit voller Freude und Überfluss

Wie machst du das nur, so fröhlich zu sein
In deiner Schlichtheit, dürftig und klein
Von dir möcht ich lernen, ich komm nicht umhin
Mich endlich zu nehmen, wie ich bin

FETTE HENNE

Hylotelephium spectabile

Spektakel! Spektakel! Die Henne blüht!
Ein würziger Duft durch den Garten zieht
Sie sitzt auf der Erde, dem großen Ei
Und macht ein Gelärme und ein Geschrei

Als wollte sie unsren Planeten ausbrüten
Unter den üppigen, leuchtenden Blüten
Als wollt sie das große Geheimnis lüften
Umgeben von düsteren, mystischen Düften

Es wuchert und wächst, es schwellt und schießt
Es pulst und brandet, es flutet und sprießt
Es kracht und donnert unter der Schale
Es grollt und poltert viel tausend Male

Schon regt sich die Erde, es wankt das Haus
Bald brechen die Schollen, bald schlüpft sie aus
Bald wird uns allen das Dunkel gelichtet
Die Henne hat ganze Arbeit verrichtet

SPÄTE ANEMONE

Anemone hupehensis

Der Sommer bricht durch die Beete
Leis wachse ich vor mich hin
Warum wohl sollte ich eilen
Ruhe macht viel mehr Sinn

Still fülle ich die Monde
Breite die Blätter aus
Große schöne Hände
Das wird mein Knospenhaus

Und erst wenn die anderen welken
Zeige ich euch mein Gesicht
Dann ist meine Zeit gekommen
Dann füll ich den Herbst mit Licht

WEISSE ANEMONE

Anemone hupehensis

Schön ist die Herbstanemone
Und doch
Seh ich ihr Kommen mit Wehmut

Abschied läutet sie ein
Silberweiß glänzt
Wie früher Schnee ihr Verblühen

DIE SILBERKERZE

Cimicifuga simplex

Majestätisch blüht die Silberkerze
Und verdoppelt das Oktoberlicht
Letzte Schmetterlinge taumeln traumversunken
Duftbetäubt ihr um das Angesicht

Um noch einmal sich am Saft zu laben
Einmal noch im Schatten satt zu werden
Einmal noch genug, genug zu haben
Vor dem harten, langen Schlaf der Erden

Majestätisch blüht die Silberkerze
Streut verschwenderisch die hellen Blätter
Generös verwandeln ihre Pollen
Sich in tausendfache Lebensretter

DAS LETZTE HORNVEILCHEN

Viola cornuta

Sei mir gegrüßt
Kleine Blüte
Die du dich öffnest
Wenn andre verstummen

Die du dem Ende des Gartens
Dem Sturm und dem Frost
Dem Teufel dem Tod
Dein winziges Trotzdem bietest

Keiner Macht mich zu beugen
Der Angst nicht zu weichen
Dem Schrecken zu widerstehen
Will ich von dir lernen

November

SCHMALBLÄTTRIGES GREISKRAUT

Senecio inaequidens

Viel kleine Greise schaukeln dort
An meinem Gartenzaun
Sehr märchenhaft und fulminant
Ist's ihnen zuzuschaun

Verschmäht der Alten Freude nicht
Könnt ihr auch nie verstehn
Was sie so wertvoll macht, schaut hin
Ihr könnt sie leuchten sehn

Viel tausend Blüten lachen leis
In eindrucksvollen Tänzen
Es freut des Lebens sich der Greis
Er weiß um seine Grenzen

Wie klein auch Blatt und Blüte sind
Darauf kommt es nicht an
Nur dass man tanzt bis ultimo
Und man sich freuen kann

SCHLAFENDE TULPE

Tulipa gesneriana

Und die zarten Blätter der Bäume
Färbten sich golden ein
Und die Tulpe in der Erde
War lange, lange allein

Ängstigte sich dort unten
Beklagte ihre Not
Haderte mit ihrem Schicksal
Fürchtete Schmerz und Tod

Träumte von Himmel und Sonne
Vergaß irgendwann, wer sie war
Lernte das Dunkel der Erde
Lieben übers Jahr

Dachte der Hand, die sie vormals
Hinab in die Tiefe gesenkt
Versuchte, sich zu erinnern
Wie man sich verschenkt

Und je länger sie ruhte
Im stillen Erdenschoß
Ließ sie, was sie wusste
Und was sie wollte, los

Und als sie ganz losgelassen
Und war innen leer und rein
Da flüsterte leise die Erde:
Du wirst eine Blume sein

DAS ACKERHELLERKRAUT

Thlaspi arvense

Du schweigsam unscheinbares Kraut
Mit deinen feinen Blüten
Wer dich erkennt und dir vertraut
Den kannst du wohl behüten

Das sanfte Öl aus deiner Frucht
Der Saft aus deiner Krone
Dein bitterguter Blättertee
Gereichen dir zum Lohne

Voll Kraft steckst du und bist so stur
Bis zum November funkelt
Dein Zwergenlicht auf Feld und Flur
Wenn sich die Welt verdunkelt

Es sind die Stillen, welche uns
Des Lebens Tiefe lehren
Ringsum wird sonst genug geprahlt
Das darf man überhören

DER EFEU

Hedera helix

Blätter wie ausgeschnitten aus ledrigem Wachspapier
Klammern sich grün an die Mauer, wurzeln sicher an ihr
Klettern höher und höher, tragen der Erde Kraft
Bis hinauf in den Himmel, es gilt nicht, was man schafft
Es gilt nicht, welche Tiefen man hinter sich gelassen
Als man beschloss zu gehen und sich ein Herz zu fassen
Es gilt nicht, welche Schwärze die erste Wurzel durchbrach
Es gilt nicht, wie sehr das Grauen einem die Seele zerstach
Was einzig gilt, ist der Himmel, den man erreichen muss
Um ihn von der Erde zu grüßen, und sei es ganz am Schluss
Tapfer ins Helle zu klettern und Blüte um Blüte zu treiben
Nie aufzugeben und immer dem Licht auf der Spur zu bleiben

WEISSE HERBSTCHRYSANTHEMEN

Chrysanthemum indicum

Lang war das Jahr
Nun ist mein Herz voll Blumengüte
Was kostbar war
Vereint sich still in einer Blüte
Der Herbstgeruch
Zieht streng und hart durch kahle Beete
Die eine aber
Steht und blüht, die Schöne, Späte
Die Chrysantheme singt
Vom göttlichen Verschwenden
Das Leben endet nicht
Wenn wir ein Jahr beenden
Nur für sehr kurz
Müssen wir Abschied nehmen
Welch letzte Blütenfülle
Weiße Chrysanthemen!

ROTE CHRYSANTHEME

Chrysanthemum indicum

Das Rot der Chrysantheme ist ein andres Rot
Es ist nicht Mohn, nicht Phlox, nicht Akeley
Es ist so schwer, es atmet schon den Tod
Und bietet nochmal alles auf, weil alles bald vorbei

Das Chrysanthemenrot kann man fast trinken
Wie herben Wein, es macht dich ganz benommen
Vielleicht ist Gott ein rastlos wilder Maler
Der immer Farben mischt, um neue Töne zu bekommen

Die Chrysantheme und ihr Rot, die zwei sind eins
Erst ganz am Ende kannst du das erfassen
Wenn deine Seele mählich zu verlöschen droht
Erst wenn dich nichts mehr hindert, alles einzulassen

Das Rot und diese schwere harte Blume
Das Rot, das heiß in deinen Adern schwimmt
Das Rot der Liebe und das Rot der Sonne
Die kurz die Erde küsst, bevor sie Abschied nimmt

DIE PRIMEL

Primula vulgaris

Schon im November
Winkst du mir zu
Mit deinen dünnen
Verfrorenen Blättern
Den Frühling beschwörend
Er kommt, er kommt!

Keine Blüte
Nichts
Aber

Du kennst dich aus
Du hast noch immer
Farben versprüht im April
Du musst es wissen
Du bist die Trösterin
Dir will ich glauben

FARNKRAUT

Polypodium vulgare

Hör in der Stille
Den Rat des Farnkrauts
Unter dem Blau des Himmels
Breite die Flügel
Hab keine Angst

Was soll dir geschehen?
Geht der Samen verloren
Verstreut im Wind?
Geht das Wasser verloren
In durstiger Erde?
Oder der Duft der Rose
Der zurückbleibt
In deiner Hand?

LAMPIONBLUMEN

Physalis franchetti

Lampions wurden entzündet
Gelb, orange und rot
Lampions gegen den Tod
Der uns allen verkündet

Lampions funkeln im Beet
Machen ein Spiel daraus
Sehen so fröhlich aus
Während das Leben vergeht

Lampionlachen erklingt
Derweil der Garten versinkt
Was kehrt zurück?

Immer die alte Geschichte
Glühende Abschiedsgedichte
Wie schön ist ihr Blick

Dezember

WINTERJASMIN

Jasminum nudiflorum

Da war wohl ein Maler im Garten
Der hat lauter Gelb verstreut
Fröhliche helle Kleckse
In eisiger Winterzeit

Er hat seinen Pinsel geschwungen
Sich frech ins Fäustchen gelacht
Ein keckes Liedchen gesungen
Und sich einen Spaß gemacht

Jetzt leuchten die grauen Äste
Als säßen mit gelber Brust
Dort lauter närrische Vögel
Welch eine Dezemberlust!

DIE UNGEDULDIGE TULPE

Tulipa kaufmanniana

Die Spitze der Tulpe
Wie sie zur Unzeit
Durch frostige Erde stößt

Ach liebe Tulpe, es ist
Diese Sehnsucht
Wir sind wohl verwandt

SEHNSUCHT NACH PRIMELN

Primula vulgaris

Ich hab so Lust auf Primeln
In dieser wirren Zeit
So Lust auf Form und Farbe
Auf Klarheit, Einfachheit

Ich hab so Lust auf Primeln
Auf Frühlingszuversicht
Auf grüngerahmte Mandalas
Die sind so stark und schlicht

Ich hab so Lust auf Schönheit
Die brauche ich jetzt sehr
Wo sonst nehm ich, wenns dunkel ist
Denn meine Freude her

Ich weiß, dass dieses Leben
Mehr ist als Drei mal Drei
Und auch die Primelblüten
Gehn irgendwann entzwei

Ich weiß, es gibt das Böse
Aus Trümmern steigt der Rauch
Noch ist der Schmerz nicht ausgeweint
Doch Primeln gibt es auch

GLORIA DEI

Rosa 'Gloria Dei'

Im Herz der Rose
Pocht es sommerlang
So reiht sie Tag an Tag
Und Duft an Duft
So gehn die Monde hin
Und immer blüht sie noch
Verschenkt sich hundertfach
Die gute Königin
Und fällt der erste Schnee
Tut sie die letzte Knospe auf
Mit einem Seufzer
Einem Silberhauch
Könnt ich doch auch so leben
Ohne Stundenschlag
Mich königlich ergeben
Bis zum letzten Tag

GRÜNE NIESWURZ

Helleborus viridis

Im Winter, wenn die Nacht so bang
Und allen wird das Warten lang
Die Kälte klirr
Der Frühling weit
Beginnt die verzauberte Zeit

Wenn graue Stürme ziehn heran
Wenn tief verschneit stehn Tann um Tann
Die Farben stumm
Der Frühling weit
Beginnt die verzauberte Zeit

Denn eine Blume grün und fein
Will nun den Hummeln Nahrung sein
Öffnet im Frost
Ihr Blütenrund
Und tut dir ihr Geheimnis kund

Vertraue und es wird geschehn
Ein Wunder wirst du kommen sehn
Wie kalt und finster auch die Zeit
Das Leben macht sich neu bereit
Schon keimt es am geheimen Ort
Der Tod hat nicht das letzte Wort

DIE CHRISTROSE

Helleborus niger

Wenn das Schwarz am tiefsten ist
Wenn das Eis die Farben frisst
Wenn von aller Sommerpracht
Nichts mehr bleibt als kalte Nacht

Wenn die Erde wie Granit
Wenn die Sonne kaum noch glüht
Wenn in einer Schattenwelt
Jedes Grün zu Staub zerfällt

Öffnet sie
Die weißen Blüten
Um den Garten
Zu behüten

WER TROTZT DEM FROST?

Helleborus niger

Wer trotzt dem Frost?
Wer blüht in Schnee und Eis?
Es ist die Blume
Die vom Christkind weiß

Im Winter ist die zarte
Knospe aufgewacht
Ein Hoffnungslicht
In kalter, dunkler Nacht

Wir werden wieder leben
Wenn es tagt
Die Winterrose
Hat es zugesagt

LOB DER UNORDNUNG

Laus confusionis

Die ordentlichen Beete mag ich nicht
Doch wenn am Wegrand wilde Glockenblumen sprießen
Die gar nichts wollen, nur den Tag genießen
Dann geh ich durch den Garten wie durch ein Gedicht
Wenn an der Pforte schöne Akeleyen
Sich tänzelnd plustern und sich einfach freuen
Wenn auf der Wiese Gänseblümchen lachen
Und Löwenzähne Gartenland bewachen
Wenn aus den Ritzen zwischen dunklen Steinen
Die Rauke kriecht und Primelchen erscheinen
Und alles wächst, wo's grade passt und will
Dann geht's mir gut, dann werd ich innen still
Dann hab ich das Gefühl von lauter Licht
Denn ordentliche Beete mag ich nicht

INHALT

Über die Autorin:
Doris Bewernitz, freie Autorin, 25 Bücher, mehrere Literaturpreise. Leidenschaftliche Gärtnerin, lebt in Berlin. Vor der Entscheidung, ihr Leben dem Schreiben zu widmen, arbeitete sie als Krankenschwester, Lehrerin, Drogenberaterin, Protokollantin im Strafgericht, Spielplatzgestalterin, Dozentin in der Erwachsenenbildung, Sozialarbeiterin und Psychotherapeutin. Weitere Informationen unter www.doris.bewernitz.net

Bildnachweis:
AdobeStock / Hein Nouwens (S. 2/3, 172, 292/293), iStock / bauhaus1000 (S.7, 52, 104/105, 122, 127, 136/137, 139, 178, 188, 203, 227, 236/237, 265), iStock / Liudmila Chernetska (S. 8/9), iStock / ilbusca (S. 10/11, 21, 97, 124, 212, 253), shutterstock / Anastasia Zenina-Lembrik (S. 13), iStock / Nastasic (S. 15, 37, 160), iStock / anyaivanova (S. 16/17), iStock / NSA Digital Archive (S. 18, 28, 42, 78, 84, 132/133, 152/153, 192, 271, 287), AdobeStock / Lisla (S. 23, 32, 44, 73, 144/145), iStock / Olga Malchikova (S. 24), iStock / Yotka (S. 25/26), iStock / Ralf Menache (S. 33, 89, 169), AdobeStock_arxichtu4ki (S. 38/39, 176, 283), Ilka Osenberg-van Vugt (S. 40/41, 45, 100/101, 180/181, 274/275), shutterstock / Na Ko (S. 49), AdobeStock / PIXATERRA (S. 51, 251), iStock / Svetlana Semenova (S. 55), Fotolia / ovaleeva (S. 56), iStock / ivan-96 (S. 59, 113, 183, 246, 259, 290), AdobeStock / cat_arch_angel (S. 62, 170), shutterstock / Olga Korneeva (S. 65, 75, 116, 163, 211, 235, 281), iStock / Nata_Slavetskaya (S. 69), iStock / pticelov (S. 70/71), iStock / nicoolay (S. 82, 102, 129, 130, 150, 167, 175, 195, 196, 260), iStock / ZU_09 (S. 91, 131), AdobeStock / Kateryna (S. 93), AdobeStock / Rawpixel.com (S.110/111), AdobeStock / Mannaggia (S. 118, 230), AdobeStock / Stefan Körber (S. 140/141), AdobeStock / Juulijs (S. 144, 242), AdobeStock / anitapol (S. 145/146, 278/279), AdobeStock / Frank (S. 164), iStock / annaveroniq (S. 186/187), AdobeStock / EvaMira (S. 200/201), AdobeStock / VD_ele (S. 208), AdobeStock / donnadilanga (S. 217), iStock / duncan1890 (S. 220), shutterstock / Shebeko (S. 222/223), AdobeStock / Eaver Studio (S. 225), AdobeStock / ruskpp (S. 238), AdobeStock / acrogame (S. 246, 254), iStock / L Feddes (S. 249), Fotolia / DoraZett (S. 256/257), AdobeStock / Archivist (S. 273), iStock / Sandra M (S. 282), shutterstock / H.Tanaka (S. 284/285).

Verlagsgruppe Patmos in der Schwabenverlag AG, Ostfildern
Im Alten Rathaus/Hauptstraße 37
D-79427 Eschbach/Markgräflerland

www.verlag-am-eschbach.de

Gesamtgestaltung: Angelika Kraut, Verlag am Eschbach
Kalligrafien: Ulli Wunsch, Wehr
Herstellung: Graspo CZ a.s., Zlín
Hergestellt in Tschechien
ISBN 978-3-86917-945-2